改訂新版

「経営改善計画」の活用による業績改善コンサルティングの実践手法

はじめて「資金繰りに悩む社長」を担当したときに読む本

藤井正徳 著

セルバ出版

改訂新版　はじめに

本書は、「中小企業の社長さんのお役に立ちたい！」という熱い志を持って仕事に取り組んでおられる方のために書きました。具体的には、銀行や信用金庫等の金融機関、商工会議所や商工会等の支援機関、税理士や弁護士等の士業事務所にお勤めの皆様を読者として想定しています。

また、「自社の経営を良くしたい！」「物価高騰や人手不足等の厳しい時代を乗り越えて次世代にバトンをつなぎたい！」と日々奮闘されている中小企業の社長さんにも、利益拡大や資金繰り改善の専門家の考え方や視点、具体的手法に触れていただくことでお役に立てるものと考えます。

本当に困ったときに役に立つ「経営改善計画」

近年の企業を取り巻く環境は、変化が激しく、かつ予測が難しくなっています。これまでも何らかの理由によって経営難に陥り、資金繰りが厳しい状況に追い込まれる中小企業は数多く存在していました。多くの中小企業の社長さんにとって、自社の経営は人生そのものであり、厳しい状況にあっても「従業員や家族、取引先のためにも何とか会社経営を継続したい」と日々奮闘されています。コロナ禍以降の急速な環境変化によって、経営の舵取りはさらに難易度を増しています。

このような社長さんのお役に立つ具体的な手法の1つが、本書で取り上げる「経営改善計画策定支援事業」の活用です。詳細は本文にて述べますが、この制度のポイントは次のとおりです。

①中小企業診断士・税理士等の外部専門家を活用して現状分析を実施する。
②現状分析を踏まえて、経営改善のための具体的なアクションプランを策定する。
③アクションプラン遂行を前提とした数値計画や返済計画を策定する。
④策定した計画に基づいて、金融機関との交渉を行う（専門家が交渉を支援する）。
⑤原則として3年間は、専門家が伴走支援を行い、金融機関への経過報告を行う。
⑥計画策定にかかる費用の2／3は国からの補助金で賄われる。

この制度を活用することで、「経営立て直しの道筋が明らかになる」「金融機関との関係性が改善する」「計画の立てっぱなし、計画倒れを防ぐことができる」、しかも「補助金によって極めて低コストで活用できる」等、資金繰りに悩む中小企業の社長さんにとってメリットの多い制度です。

しかし、私の実感では、まだまだ制度そのものの認知度が低く、本当に必要な社長さんに情報が届いていないと感じています。実際に「本来であれば救うこともできた会社が、制度を活用することなく、志半ばで潰れてしまう」という残念なケースも数多く発生しています。

素人でも「社長さんの救世主」になれる

私は現在、「中小企業診断士」という資格をもって、中小企業の社長さんが抱える様々な課題解決のお手伝いを事業としています。しかし、独立創業する以前には、中小企業の経営支援とは全く関係のない、損害保険業界等でキャリアを重ねてきました。中小企業診断士の資格を取得した動機も、「なんとなく名刺に資格を載せたらかっこいいかも？」という曖昧なものでした。資格勉強はしたものの、実際には損益計算書も貸借対照表もキャッシュフロー計算書も見たことがない、簿記3級も持っていない、いうなればズブの素人でした。そんな私が、現在では経営改善計画のスペシャリストとして、おそらく県内ではトップクラスの案件数に日々対応しています。

もともと金融機関出身でもなく、ズブの素人からスタートしたからこそ、「中小企業の社長さんを救うのは専門知識ではない」ということを実感しています。もちろん、専門知識はあるに越したことはありませんし、中小企業診断士等の資格があればアドバイスの幅は拡がるとは思います。

しかし、核心はそこではありません。例えるならば、「病気やケガの緊急事態には、救急車を呼ぶという手段がある」という簡単な知識を持ち、その知識を正しく使えるだけで、目の前で死にそうな人を救うことができるのと同じことです。医師免許を持っていない人でも人命救助に貢献できるように、企業経営を救うのは必ずしもその道の専門家とは限らない、身近なアドバイザーのちょっとした一言で「社長さんの救世主」になることができるのです。

本書の概要と目的

本書は、独立創業前のズブの素人だった私自身でも充分に理解できるレベルで、「資金繰りの悩みの根本原因」「資金繰りの悩みの解決に役立つ経営改善計画の概要と流れ」「具体的な立ち直りの方法」等を、実例を交えてお伝えします。教科書的な綺麗ごとではない部分もあるかと思いますが、私自身がリアルな経営改善の現場で活用しているノウハウや知識をお伝えします。

本書を読み終わったとき、金融機関にお勤めの方等、ある程度の専門知識や実務経験がある人であれば、自らが経営改善支援のプレイヤーとして活動実践できるレベルになると思います。また、専門知識や実務経験がない方でも、資金繰りに悩む社長さんに対して、「経営改善計画を活用してみませんか?」という、極めてシンプルでありながら核心的なアドバイスができるようになることを目指しています。

今回の改訂にあたっては、コロナ禍のような経済危機局面でのサバイバル戦略に加えて、経営改善の具体的事例を拡充したうえで臨場感を感じていただけるようにしています。

あなたのアドバイスによって、救われる社長さんがいるという真実にぜひ気づいて、実践していただくことを期待しています。その結果、あなたと社長さんとのあいだに、かけがえのない信頼関係が生まれ、あなた自身のキャリアアップや所属する会社の発展にもつながるはずです。

本書が、ひとりでも多くの志ある社長さんが窮地を乗り越えて事業に邁進できる環境をつくり、ビジネスパートナーであるあなたとともに成長発展する、このことがひいては日本経済が直面する難局を乗り越えて、持続的に発展する未来への貢献のきっかけになることを願っています。

藤井　正徳

2024年4月

改訂新版　はじめて「資金繰りに悩む社長」を担当したときに読む本
――「経営改善計画」の活用による業績改善コンサルティングの実践手法　目次

第3章 会社の血流を絶やすな！「資金繰り改善」のアドバイス

第4章 自然とお金が残り続ける体質へ！「利益改善」のアドバイス

第1章　なぜ経営がこんなに苦しいのか？
立て直しに役立つ「経営改善計画」とは

1　業績不振や資金繰りの悩みは「恥」なのか

中小企業の社長さんの「プライドと孤独」が早期発見を妨げる

多くの中小企業の社長さんにとって、自分の会社はまさに「自分の人生そのもの」です。創業社長であれば、自らが創業資金を調達し、これまで膨大な時間と労力を捧げて、現在の会社を創りあげてきたのです。２代目・３代目の後継社長であれば、今まで親が積み上げてきた歴史と伝統を引き継ぎながら、新たな成長に向けて全力を傾けてきた自負があります。

そんな会社が儲かっていれば「これまでの努力が報われた」と感じることができますが、逆に業績不振で資金繰りにも窮するような状況の場合、「今まで費やした努力は何だったのか」「なぜ、あんなに頑張ったのに結果が出ないのか」という自らのプライドや存在価値に関わるような心理状態に陥っても不思議ではありません。

もちろん、会社にお勤めの方にも、自分が所属する会社や仕事に人生をかけて取り組んでいる方も多いと思います。しかし、例えば会社の業績が悪かったとしても、それがイコール「自分自身の能力や頑張りが足りなかったから」と１００％の責任を感じることは稀だと思われます。少なくとも、中小企業の社長さんが負っている責任の範囲と、会社勤めの方の責任の範囲は大きく異なることは事実です。

さらに、中小企業の社長さんは、多くの場合「弱みを見せる誰か」が存在せず、孤独な存在ともいえます。普段から自分を管理監督してくれる上司はいませんし、家族や従業員に弱みを見せても不安がらせて威厳がなくなるだけです。取引先や金融機関に弱みを見せると取引条件に悪影響が出るかもしれませんし、経営者交流会等でも儲かっていなければ尊敬されないと思い込んでいます。

そんな心を癒そうと夜の街にでかけてみても、オネーチャンに気に入られるためには、やはり儲かっている社長さんを演じることになります。否、そうせざるを得ない心理状態に陥るのが普通なのです。

経営改善のコンサルティングに携わる人には、まずそんな社長さんの「プライド」と「孤独」の存在を、まず理解していただく必要があると考えます。会社の現状は自分の人生そのものであり、弱みを見せることへの恐怖感がある…このことが、「自社の悪い決算書を他人に見られるのは、自分の裸を見られるよりも恥ずかしい」という感情を引き起こします。その結果、経営不振の発見が遅れ、業績悪化から資金繰りに窮する状況につながることがあります。

常に「完璧」を求められる中小企業の社長さん

私は、社会人になって16年間、東証一部上場の損害保険会社に勤務していました。本社部門が長かったこともあり、大企業の社長や役員の方々が、どのような仕事をしているかを直接見る機会にも恵まれていました。大企業の社長さんの仕事は、一言で言えば「マネジメントとリーダーシップ」

です。

これに対して、中小企業の社長さんの仕事は、一言で言えば「すべて」です。多くの中小企業において、社長自身がナンバーワンの職人であり、ナンバーワンの営業マンです。そのほかにも、人材採用や労務管理、生産管理や仕入管理、外注先との条件交渉、財務会計や資金調達、トラブル対応など、ありとあらゆる場面で「社長だから」という責任感を持って、常に頭と体をフル活用して対応しています。今、流行りの「働き方改革」なんて、中小企業の社長さんには関係ありません。

さらに重要なことは、これらたくさんの仕事のうち、どれか1つでもうまくいかなければ、会社経営全体がうまくいかなくなるということです。どんなに品質のよい製品をつくれても販売スキルがなければ売上になりませんし、どんなに販売スキルがあっても品質が悪ければすぐに売上はなくなります。

クレーム対応ができなければ些細なミスが致命傷になりますし、労務管理ができなければ人材が集まらないばかりか裁判沙汰に巻き込まれるリスクにさらされます。

しかし、いくら社長さんとはいえ、決してスーパーマンではありません。どんなに優秀で個性的な社長さんでも、あくまで皆さんと同じ「普通の人間」です。1人ですべてをカバーしようと思っても得意・不得意は必ずありますし、たまにはミスをすることもあります。会社勤めの方と異なるのは、その不得意やミスが全体業績に与える影響が大きく、ほかの人がカバーするのが難しいということです。

経営改善を支援する前提となる「信頼関係の構築」に向けて

ありとあらゆる場面で「完璧を求められる普通の人間」である社長さんが経営しているのですから、仮に業績不振に陥ったとしても、それ自体は決して恥ずかしいことではないと私は考えています。

事実、私がこれまで携わった経営改善案件においても、すべてにおいてダメな経営者という事例は少なく、よく頑張っているにもかかわらず、全体から見ればごく一部の「不得意なパーツ」がうまく機能しないことが引き金になったケースが多数を占めます。繰り返しますが、経営不振そのものは恥ではありません。

しかし、明らかに経営不振から資金繰りにも影響が出ていて、そのことを経営者自身も認識しているにもかかわらず、何ら対策を打たないことは「恥」であると考えます。このままではよくならないことがわかっていながら対策ができない理由は様々ですが、その大きな要因の1つが、前述の「プライドと孤独」です。中小企業の社長さんには、よくない状況や弱みを他人に見られることへの恐れや恥ずかしさから、自分1人で何とかしようとする行動特性があることを、経営改善の支援の前提として理解しなければなりません。

経営改善を支援するためには、まずは社長さんと支援者である我々との間に「心からの信頼関係」を構築する必要があります。コンサルティングというと、偉そうな先生が、生徒である社長さんにズバズバとダメ出しをしながらビシビシ指導するようなイメージを持つ方もいらっしゃるかもしれませんが、そのような関係からは実効性のある計画づくりはできません。

経営改善計画を遂行するのはあくまで社長さん自身であり、社長さんが本心から「やるぞ！」と思えるものでなければ意味がありません。そのためにも、まずはここまで必死で頑張ってきた社長さんの努力に敬意を払い、何らかの理由で困っている現状の心境に共感を示し、「プライドと孤独」の垣根を乗り越えることが第一歩になります。

2　資金繰りの悩みと業績不振のスパイラルとは

業績不振と資金繰りの悩みの因果関係

「業績不振が続くと、資金繰りが悪くなる」。…これは、誰もが当たり前だと感じると思います。事実、商売がうまくいかなくなると、損失が発生します。それでも商売を続けるためには、仕入や人件費、家賃等を支払わざるを得ず、その穴埋めのために資金が必要となります。この状態が長く続けば、当然のことながら資金繰りは悪化します。

ここまでは当たり前の話なのですが、経営改善の現場において考慮すべき、より深刻な問題を引き起こすのはその逆のプロセス、つまり「資金繰りが悪くなると、業績が悪くなる」という事実です。

ただでさえ、下降気味の業績を回復させようと思ったら、思考と時間をすべて注ぎ込んでも達成できるかどうか…という難題です。「新規のお客様を確保するために何をするか」、「お客様満足を高めるためにどうするか」、「コスト削減のためにできることはないか」など、「現在から将来にかけてどう動くべきか」に全力で集中する必要があります。

しかし、一旦社長さんの頭の中に「資金繰りのお悩み」が出てくると、この商売の課題に全力で集中できない環境に陥ります。金融機関への返済期日、給与振込日、仕入先への支払期日等が迫ってくると、預金残高とにらめっこしながら、「どこからお金を引っ張ってきて、どこの支払いに充てようか」という緊急課題に対応せざると得ません。これは、「過去に確定した事象への対応」にすぎず、これから将来にかけて何ら付加価値を生み出すものではありません。この状態が慢性化してくると、やがて社長さんの頭の中は資金繰りで一杯になります。また、かけがえのない経営資源である社長さんの時間も、資金繰りのために費やされるようになります。

ただでさえ難しい業績悪化からのＶ字回復という課題に対して、資金繰りのために費やした残り少ない思考力と時間でどこまで実現できるのか…想像していただければおわかりいただけると思います。むしろ、「業績悪化」→「資金繰りに悩む」→「ますます業績が悪化」→（以下繰り返し）という負のスパイラルに陥る危険性のほうが高くなります。

当面の資金繰りの悩みから解放する

以上のことからもうおわかりかと思いますが、既に資金繰り難に陥っている社長さんに、経営改善に関するアドバイスを実践するためには、「当面の資金繰りの悩みから解放してあげること」が

【図表１　業績不振の負のスパイラル】

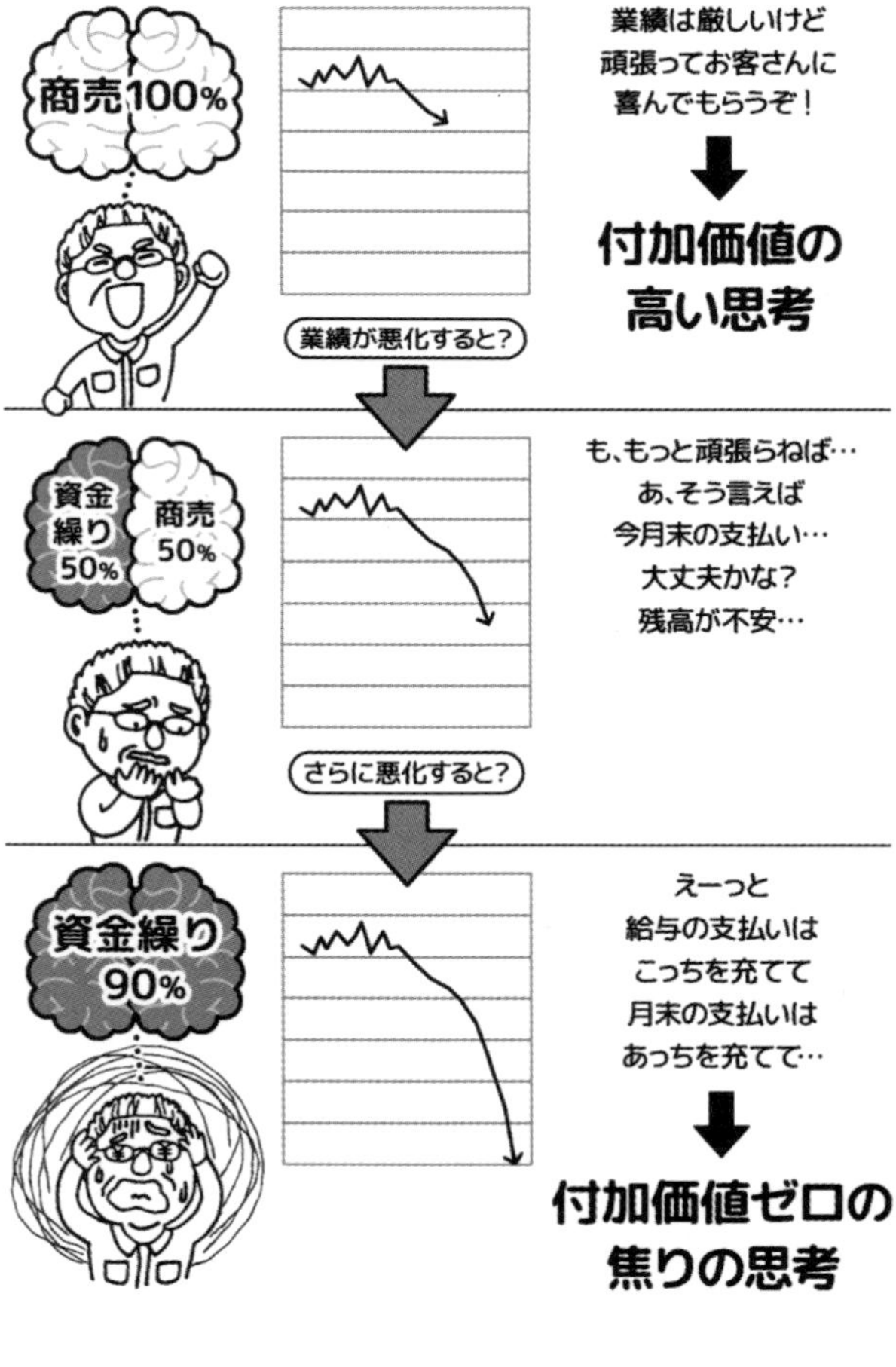

重要なステップとなります。社長さんの思考と時間を「V字回復」のために全力で注ぎこめる環境がなければ、どのような素晴らしい戦略と戦術を立案したとしても、それを実行し続けることができません。

とはいえ、給与振込みはよほどのことがないと遅らせることができませんし、仕入先への支払いを遅らせると今後の商売がやりづらくなります。

まず真っ先に考えるべきは、金融機関への支援の依頼、具体的には融資を受ける、あるいは借入金の返済を猶予してもらう等の方策が考えられます。詳細については第3章にてお伝えしますが、ここでは「資金繰りに悩んでいる間は経営改善が実行できない」、「経営改善を実行するには当面の資金繰りの悩みからの解放が必要」ということを覚えておいてください。

資金調達だけでは何の解決にもならない

私が仕事として、経営改善支援事業に取り組み始めた当初の頃の話です。やはり業績不振からくる資金繰りのお悩みを抱える婿養子の2代目社長さんの相談に乗った際、経営改善計画策定とともに返済条件変更の交渉を支援させていただき、無事に金融機関からの協力を取りつけることができました。

しかし、目先の返済負担が減ったことにすっかり安心した社長さんは、経営改善計画で「やる！」と宣言したはずのアクションプランを、なんだかんだ「できない理由」をつけてやらないことが散見されるようになりました。この案件では、私は事業面のみを担当する補助的な役割であったため、その後の業績推移について詳しいことはわかりませんが、メイン担当の税理士先生からは相変わらず赤字が続いているとの報告を受けています。

その当時は、「なぜ自分で宣言したことを実行できないのか!?」、「自分の会社なのに、なぜ真剣になれないのか!?」と、その社長さんを責める気持ちになっていました。しかし、数多くの案件を経験した今では、その考え方では「経営改善のプロ」として失格だと思っています。

さきほど「資金繰りに悩んでいる間は経営改善が実行できない」とお伝えしました。これは、「激痛に苦しんでいる患者さんを相手に手術をすることは不可能である」ということと同じです。激痛に苦しんでいる患者さんを相手に手術をするためには、「適切な麻酔」を打たなければなりません。

この麻酔に当たるのが「当面の資金繰りのお悩みを解消するための金融支援」です。しかし、麻酔で痛みを抑えても、それは根本的な治療にはなりません。それどころか、「とりあえず苦しくないこと」が原因で治療が遅れるのであれば、かえって逆効果にもなりうる危険性を有しています。麻酔と麻薬は紙一重なのです。

資金がなくなるということは、社長さんにとって耐えがたい苦痛です。その苦痛から逃れたいという一心で、普段なら見向きもしないような「怪しげな商工ローンのＦＡＸＤＭ」に引っかかることもあるのです。そのような苦痛から逃れた瞬間、「とりあえず苦しくないこと」で気が緩むのは当たり前のことであるという前提条件で臨むことが肝要です。麻酔が効いたらすぐに根本的な手術や治療に取りかかること、あくまで治療こそが目的であり麻酔は一時しのぎにすぎないことを、着手前に社長さんとしっかり話し合っておかなくてはなりません。

3　必ずしも「経営の立て直し」だけが唯一の手段ではない⁉

初期段階での見極めの重要性

私の仕事は、「業績不振で資金繰りに悩む社長さんのお悩みを解消すること」ですが、実はすべてのお悩みに対して、「経営の立て直し」の選択をするわけではありません。場合によっては、あえて「安楽死」ともいえる手段、つまり「ソフトランディングな廃業」をおすすめすることもあります。

病気やケガの治療において「安楽死」という手段を取ることには賛否両論あると思いますが、こと会社経営に関しては、この手段も念頭には置いておく必要があります。人の健康や生命と異なり、会社経営は経済活動の一環にすぎません。経営者としての人生をやめて、どこかの会社の従業員として働いて家族を養うことも立派な選択肢です。

すぐには難しいかもしれませんが、もう一度経営者として再起を目指すことも不可能ではありません。

倒産＝多額の借金が残る＝身ぐるみはがされて自分も家族もひどい目に合う…というイメージを

お持ちの方もまだ多くいらっしゃいますが、決してそのようなことはありません。多くの場合、生活に必要な資産や現金は残すことができますし、贅沢をしなければ世間一般並の暮らしを送ることができます。既に精も根も尽き果てた状況の中で借入金返済の心配を常に強いられる生活よりは、よほど人間らしい生活を送ることも可能なのです。

初期段階での見極めは、かなり慎重かつ入念に行います。直近の業績推移、債務の状況、社長さんの年齢、後継者の有無等を総合的に勘案しますが、私が最も重視するのは「社長さんの意欲」です。もちろん、どんな社長さんでも、「できることなら業績改善して会社経営を続けたい」という希望は持たれています。肝心なのは、業績改善のために先頭に立って行動する「強い決意と覚悟」を持っているかです。

それが十分ではないと判断する場合は、仮に「経営の立て直し」を選択しても、十分な実行を伴わず、かえって傷口を広げる結果になる可能性もあります。

なお、私自身は「経営改善の専門家」ですが、「ソフトランディングな廃業の専門家」ではありません。このケースに該当する場合は、基本的にこの分野で経験と実績をお持ちの弁護士をご紹介させていただいて最終判断を仰ぎ、あとの手続はお任せします。

このようにして、適切な初期判断に基づいて、適切な相談窓口にご案内した結果、数か月経った後に、御礼の言葉をいただくこともあります。決して薔薇色の解決策ではなかったとしても、最善のアドバイスができたのではないかと実感する瞬間です。

中小企業のＭ＆Ａという選択肢

これは本書の趣旨とは少し異なるかもしれませんが、経営改善の現場において「後継ぎがいないので事業を売却したい」という相談を受けることも多くあります。帝国データバンク社が２０１７年に実施した調査によると、国内企業の半数以上にあたる53・９％が後継者不在となっています。経済産業省の推計によれば、後継者問題等による中小企業の廃業が急増することで、２０２５年頃までの10年間で約６５０万人の雇用、約22兆円のＧＤＰが失われる可能性が示唆されています。

後継者が親族内（とくに子ども）にいればよいのですが、そもそも子どもに会社を継ぐ意思がないケース、会社業績や借入金状況を踏まえて子どもに継がせたくないというケースもあります。そのような場合、従業員から後継者を探すことができればよいのですが、これは親族内承継よりも難しい様々なハードルがあります。

そんな中で、今注目を集めているのが、Ｍ＆Ａで事業や会社を第三者に承継させる手法です。一般的に、Ｍ＆Ａといえば中堅～大企業向けのものであり、そのためには多額の費用がかかるというイメージを持たれています。しかし、現在ではインターネットを活用し、会社を譲りたい経営者と会社を引き継ぎたい第三者のマッチングから成約まで支援する、中・小規模企業が対象のスモールＭ＆Ａサービスが普及しつつあります。

例えば、私自身も事業承継アドバイザーとして登録している「バトンズ（Ｂａｔｏｎｚ）」というサイトでは、売上１，０００万円未満の小規模事業者から数億円クラスの中堅企業まで、様々な

【図表２　Ｍ＆Ａ、事業承継マッチングサイト「バトンズ」】

業種が「売り案件」として登録されており、誰でも検索することができます。このサイトでは、売主が安心・安全に、より早く事業承継を実現するため、承継アドバイザーによる支援をつけた上で、売主の年商に応じた定額フィー体系（業界最安水準）でM＆A支援を行っています。

このようなサービスでM＆Aが成立するのは、よほどの黒字企業か財務体質が良好な企業に限った話ではないか…と思われるかもしれません。しかし、同社の情報によると、M＆A成立案件の35％は赤字企業、55％は債務超過企業となっています。もちろん、優良企業であるほど、買い手がつきやすいのは事実です。しかし仮に、業績が思わしくなく、財務状況が厳しい企業であったとしても、「買い手にとって魅力のある企業」であれば事業を譲渡できる可能性はあります。

あくまで相手があってのことですし、買い手が見つかる前提で経営計画を立てることはできませんが、それでも可能性がある以上、このような選択肢もあるということを念頭に置いておくことは無駄にはならないと考えます。

4　それでも「経営を立て直したい」社長さんのための経営改善計画とは

迷える社長さんの強い味方

さきほど「必ずしも経営の立て直しだけが唯一の選択肢ではない」ということをお伝えさせていただきましたが、やはり多くの社長さんは、「お客様のためにも、従業員のためにも、会社のためにも、何とか今の経営を立て直したい！」という強い希望を持たれます。

しかし、今でも精一杯頑張っているつもりなのにこれ以上どうすればいいのかわからない、目先の資金繰りも余裕がない、そもそもなぜこんなに経営が苦しいのかがわからない…このような課題に直面されるケースはかなり高い確率で存在します。そして、この状態でやみくもに「さらなる頑張り」で対処しようとすると、効果が出にくいのみならず、かえって傷口を広げてしまう危険性もあります。

このように、やる気は十分だが具体的対策を立てることができない状態に追い込まれたときに、社長さんがまず作成するべきものが「経営改善計画」です。

詳細については後述しますが、経営改善計画とは、①現状の確認、②窮境要因の分析、③課題を克服するためのアクションプラン（行動計画）、④今後3～5か年の数値計画（損益計算書・貸借対照表・キャッシュフロー計算書の推移見込）、⑤キャッシュフローを踏まえた借入金返済計画をまとめたものです。社長さん自身はもちろん、経営幹部も、家族も、取引金融機関も、「これさえ読めば自社の現状と課題、そして目指すべき未来がわかる」という網羅的にまとまった内容になります。

経営改善計画を策定するメリットはいくつかありますが、まず目に見える効果として、取引金融機関との関係性が劇的に改善します。金融機関がもともと得意な財務諸表（損益計算書・貸借対照表等）等の定量的データに加えて、その裏づけとなるビジネスの中身の分析や計画を明示することで、融資判断に必要な情報をより多く提供することにつながるため「金融機関にとって支援しやすい企業」になることができます。

もっとも大きなメリットは、「社長さんが自信を持って経営に取り組めるようになること」です。社長さんは、どんなに一生懸命頑張っていても、「本当にこのままの努力を続けていて大丈夫なのだろうか」という不安を抱えているものです。現状分析(過去～現在)から今後取り組むべきこと(現在～未来)を明確化することでこの不安を軽減すれば、自信を持って経営に邁進できるようになります。

計画策定における専門家活用

このように様々なメリットのある経営改善計画ですが、実際のところ、これを社長さんが1人で策定するのは非常に困難なケースがほとんどです。どんなに優秀な社長さんでも、どんなにやる気と知識があったとしても、どんなに優秀なスタッフを抱えていても、自力だけでは困難な理由があります。

その中でも、最も致命的なのは「自分（自社内）で現状分析をすることが難しいこと」です。どんな社長さんであっても、「儲かりたい」という希望を持って経営に取り組んでおり、苦しい状況からは一刻も早く脱却したいと考えるのが当たり前です。それができていないという現状は、「なぜ苦しくなったのかの現状分析ができていないこと」の証左です。つまり、当事者である社長さんの目線からは見えていない（あるいは見えていても認めたくない）、社内スタッフも同様に当事者であるからこそ見えない（あるいは見えていても言えない）課題があるのです。

自分自身の姿を客観的に見るためには、自分の目だけでは不可能であり、自分の姿を正確に映し出す「鏡」が必要となります。

経営改善の現場において、この鏡としての機能発揮を期待されるのが「冷静かつ客観的に現状を分析できる目を持ち、社長に対してわかりやすく伝えることのできる外部専門家」です。外部専門家を活用することで、課題克服に向けた行動計画策定の場面においては、様々な経験や知識に基づく様々な助言を受けることができます。

また、策定した計画を実行・継続する場面においても、社長さんを勇気づけ、励まし、時には厳しく指導する伴走者を得ることができます。これにより、取引金融機関等の第三者がみても、より正確な現状に即した、より信憑性のある経営改善計画を策定し、より確実に実行・継続することが可能となります。

国がサポートする「経営改善計画策定支援事業」では、外部専門家（中小企業診断士・税理士等）の活用が前提となっており、外部専門家に支払われる報酬等に対して補助金が支払われる仕組みとなっています。なお、本書の第2章以降では、私自身が経営改善計画策定支援の外部専門家として活動する際の考え方や手法等を解説していますが、経営改善計画策定支援事業を活用しない場合でも使えるものですので、ぜひ参考にしていただければ幸いです。

社長さんが本気にならなければ意味がない

経営改善計画策定には外部専門家の活用が有効であることは事実ですが、立案した計画を実行するのはあくまで社長さん自身です。外部専門家がどんなに素晴らしい計画を立てたとしても、それを社長さんが実行しなければ絵に描いた餅に過ぎませんし、継続しなければ一過性の効果しか得られません。つまり、社長さんが本気にならなければ、すべては水の泡になってしまいます。

偉そうなことは言うけど無責任な経営コンサルタント（もどき）は、結果が出なかったときに「私はちゃんと助言や計画立案をしたにもかかわらず、社長さんが実行してくれなかった」という言い訳をしばしば使います。自分のプライドを守りながら結果責任から逃れるには最高の言い訳ですが、既に資金繰りに窮した企業の経営改善の現場でこの言い訳は通用しません。結果が出なければ事業存続そのものが危ぶまれるわけですから、何が何でも結果を出してもらうしかありません。

だからこそ、経営改善の現場では「社長さんの腹に落とし込むこと」が何よりも重要です。現状分析の結果は、社長さんが本心から理解・納得できるように伝え、認識のズレがないようにしっかりと共有する必要があります。

また、策定する行動計画は、正論の押しつけになることなく、社長さん自身が納得して実行できるものにしなければなりません。例えば、パソコンが全く使えないご高齢の社長さんに対して、「今は情報化社会だからインターネットを使って商品を売りましょう！」という計画を押しつけてしまった場合、仮にそれがどれほど正論だったとしても実行不可能であれば、結果のでない無価値なものにすぎません。

ほとんどの場合、もともと社長さん自身、経営をよくしたいという願望を持っています。しかし、それが単なる願望で終わるようでは、目の前の現実を変えることはできません。逆に、「本気の覚悟」さえあれば、現状分析や戦略立案が多少甘かったとしても、経営はどんどんよくなっていきます。

漠然とした願望を、「本気の覚悟」に変えるのも、経営改善を支援するコンサルタントの腕の見せ所という意識を持って、こちらも社長さん以上の「本気の覚悟」を持って関わっていく必要があります。

5　経営改善の実例紹介

ここでは、実際に経営改善計画策定を通じて、業績や資金繰りの改善を実現した事例を紹介させていただきます。正直に申し上げて、すべての案件において、ここまで劇的な改善を実現しているわけではありません。それでも現実に経営改善計画策定をきっかけに、経営がよくなった実績があることは事実です。

どの事例も、かなり逼迫した状態からスタートしたものであり、今、業績不振や資金繰りに悩んでおられる社長さんを勇気づける一助になれば幸いです（企業名が特定されないように配慮していますが、すべてノンフィクションです）。

①空室だらけの介護施設：毎月３００万円の慢性赤字体質からの脱却

最初にご紹介するのは、介護事業とサービス付き高齢者向け住宅等を運営する企業（売上規模2億円程度）の案件です。もともと異業種からの新規参入で、施設の建築や人材確保のために金融機関から多額の借入を行って事業を開始しました。社長さん自身が介護保険について詳しくなかったこともあり、「高齢化社会だから介護事業は儲かるはず」という甘い期待は完全に裏切られることとなりました。思うように入居者が集まらず、毎月３００万円平均の赤字の垂れ流しが常態化してしまいます。もともと利益があがっていた既存事業の資金も食いつぶし、借入金返済も困難な状態に陥ってしまいました。

知人からの紹介を受けて、経営改善計画策定に取組み始めましたが、真っ先に目についたのが異常な顧客単価の低さでした。24時間３６５日のフルサービスを提供しているにもかかわらず、デイサービスよりも低い報酬しか得ておらず、このままでは空室を埋めても赤字がさらに拡大する状態でした。

そこで、まずはサービスの中身に相応しい報酬が取れる事業に転換を行うことで、ある程度赤字を抑制する目途が立ちました。その後に、空室を埋めるための営業活動強化を推し進め、従来使っていなかったインターネットによるＰＲ活動や紹介会社の活用等が功を奏し、プロジェクト開始から2年後に黒字化を実現しました。このほかにも様々な改革に取組み、ようやく経営安定化の目途を立てることができました。現在は、まだ残っている赤字部門の黒字化に向けて、最後の課題に取り組んでいます。

目に見える数字の改善もさることながら、スタッフや経営幹部の雰囲気が明るくなり、以前は悲壮感が漂っていた定例ミーティングも、現在では笑顔が見られるようになりました。

介護事業は対人サービス業ですから、ご利用者やご家族にとっての魅力アップにもつながっていることと思います。

②業績悪化の金属加工業：４０００万円の赤字から、わずか1年で黒字６０００万にV字回復

次にご紹介するのは、金属部品の表面加工を事業とする企業の案件です（売上規模3億円程度）。創業60年近くになる老舗企業で、その技術力は高く評価され、大手製造業の下請けを中心として安定した業歴を重ねてきました。

しかし、近年になって急激に業績が悪化し、遂に大幅な赤字に陥って借入金返済ができない状態にまで落ち込みました。

ある程度のヒアリングが進んだ時点でシミュレーションを行ったところ、現在の利益率では仮に売上が倍になったとしても赤字を脱却できないという深刻な結果が出ました。原価率が異常に高く、利益が出にくい体質になっており、ここにメスを入れないかぎりは経営改善の達成は難しいと判断しました。

製造業の経営改善において、原価率改善を図るためには現場レベルのオペレーション課題に踏み込まなくてはなりません。さらに詳しく分析をした結果、どうやら「原材料の使い方に問題を抱えている」という仮説を立てることができました。この企業の場合、数年前までは安定して利益を稼いでいたわけですから、原価率高騰の原因は「ここ数年で変化したこと」という仮説を立ててヒアリングを行いました。その結果、品質向上のために行った製造方法の変更が、過剰な原材料の使用につながっていることが判明しました。

原因が判明して以降、同社の経営は目に見えてよくなっていきました。とくに原材料の管理厳格化による原価率改善効果が大きく、同じ売上高でも利益が残りやすい体質に短期間に代わることができました。さらに大口受注の獲得等の要因もあって、想定した計画値をはるかに超えるスピードで経営改善を推進しています。結果的に、赤字の慢性化による債務超過企業は、経営改善計画に取組みはじめてわずか1年後、翌年の決算では史上最高利益となり債務超過も解消、金融機関が「お金を貸したくなる会社」へと変貌を遂げることとなりました。

この案件については、私自身はとくに凄いアドバイスをしたわけではありません。原材料費の管理厳格化を推進したのも、急な大口受注に必死で対応したのも、様々な労務問題に取り組んだのも、すべて社長さんの努力によるものです。

とはいえ、現状分析から窮境要因を特定し、計画書に方針を明文化してまとめ、金融機関との交渉を支援させていただいたことなど、同社の経営改善のきっかけとして貢献できたのは間違いないものと確信しています。

③寂れた田舎の商店街：婦人服小売業の挑戦

この会社は、ハイミセス向けの衣料品等を取り扱う小売店です。昔は商店街で賑わっていたそうですが、現在ではほとんどのお店が閉店しているため人通りも多くありません。さらに、社長さんがご高齢のため、IT機器の活用が苦手で、経理処理も未だに手書きで行っているような状況でした。

そのため、まずはスタッフの協力を得てパソコン会計への移行を進め、内部事務体制を整えると同時に、店頭で売れる見込みのない在庫についてはネットオークション等でどんどん現金化を進めました。あわせて、店舗内のPOPや看板の見直し、顧客とのコミュニケーションツールであるニュースレターの開発などにより、地道な売上アップのためのアドバイスを実践していきました。

その効果が見え始めた頃に、それまで家業には関わっていなかった社長の長男も、少しずつ業務を手伝っていただけるようになりました。この会社の強みは、「ファン顧客と社長さんの強い結びつき」にあります。しかし、単価の低い衣料品だけでは十分な利益を確保することが困難であることから、高価格帯の健康グッズや介護用品等に商品ラインアップの拡張を行いました。また、長男さんの人脈からスポーツ用品の取扱いも強化し、新たな顧客層の獲得にもつながっていきました。

その結果、それまで5年連続減収かつ赤字決算であったところから、一気に1000万円の売上アップと5年ぶりの黒字決算達成を実現することができました。

この会社の場合、単年度黒字を達成したこともさることながら、この取組みを通じて長男さんに経営者としての自覚を持っていただいたことで、後継者問題を解消できたことも大きな成果でした。

④複数店舗経営の食品スーパーマーケット：苦渋の「選択と集中」で黒字化達成

この事例は、私がこれまで手掛けた中でも、かなり難易度の高い案件でした。地域に密着して食品や日用品を中心とする小売業（売上規模30億円程度）を長年経営してきた会社です。

近年、大手スーパーやドッグストアとの競争が激化しており、売上高が伸び悩んで赤字が常態化していました。起死回生をかけて新たな地域に新規出店を行ったものの、その売上高は当初計画を大幅に下回り、資金繰りの悪化に拍車がかかっていました。

この会社の改善取組にあたって、まず真っ先に行ったことは「各店舗別の採算性分析」です。既に会計ソフトで部門別損益は把握可能な状態でしたが、本部経費（管理部門の経費等）を勘案した管理が行われていませんでした。そこで、売上高に応じて本部経費の振分けを行い「実質的な店舗別の損益計算書」を各店舗に割り振って「実態ベースの店舗別損益計算書」を作成し、損益分岐点売上高を算出しました。

この数値分析と並行して、「全店舗の視察および店長・副店長へのヒアリング」を実施しました。店舗の視察に際しては、店舗や売場としての魅力や改善点の把握のみならず、周辺の住環境や道路状況等を確認しながら、競合店舗にも足を運び「どうやったらこの地域で勝てるのか？」を個別に調査します。あわせて競合店の出店計画や商圏人口分析なども実施しました。

これらの分析調査の結果、実質赤字店舗のうち2店舗は、建物・設備の老朽化が激しく店舗としての魅力回復が困難であること（魅力をアップさせるための改装資金の捻出も困難）、商圏人口が伸び悩むなかで大手資本との更なる競争激化が予見されること、社長や経営幹部の管理が十分に行き届いていないこと（店長人材の能力面にも課題）等を総合的に勘案して、「撤退する」という苦渋の決断を促すこととなりました。

私が経営改善支援を行う場合、「従業員の雇用と給与水準は守る」ことを基本方針としていますが、この事案ではどうしてもその道筋が見いだせませんでした。従業員の解雇を伴う場合は、残る従業員のモチベーションダウンに最大限配慮する必要があります。

そのため、従業員向け説明会には私も同席して、「社長は絶対に閉店はしないという希望であったが、冷酷な外部コンサルタント（私）の指示には逆らえず、泣く泣く閉店せざるを得なかった」というシチュエーションをつくりました。

こういった厳しい局面においては、決して社長を悪者にしない（外部コンサルタントが敢えて矢面に立つ）という役割を演じることも時には必要になります。

計画策定後の伴走支援期間においても、大手スーパー・ドラッグストアの新規出店が相次ぎました。その都度、定量面・定性面の分析を実施した結果、追加の店舗閉鎖を行って売上高は計画当初の半分近くに縮小しました。しかし、苦渋の「選択と集中」を繰り返して収益性の高い店舗と優秀な人材に絞り込まれたことで、3年後には安定した黒字体質を実現することができました。

この結果は、金融機関からは高く評価されましたが、従業員の犠牲によって実現したものであり、改めて「早期発見・早期治療」の重要性を実感させられるほろ苦いものとなりました。

⑤コロナ禍が直撃した和食料理店：店長会議とＰＲ強化で難局を乗り越える

この事例は、コロナ禍で売上高が大きく落ち込んで赤字転落した飲食業（売上規模2億円程度）の案件です。地元住民に愛されて長い歴史を重ねており、ちょっと高いけど美味しいお店としてのブランドのあるお店を2店舗経営していました。多くの飲食店と同様に、コロナ禍による需要減退の影響が直撃しましたが、持続化給付金やコロナ融資等の公的支援で何とか経営を回していました。

しかし、コロナ禍影響が緩和して各種公的支援が打ち切られた後、客足が戻り切らなかったことで、資金繰りに窮する状況となっていました。

この会社の問題点の1つは、店舗ごとの収益管理ができておらず、運営を店長に丸投げしていたことにあります。現場の職人として極めて優秀な人材でしたが、現場目線が強すぎると、どうしても原価管理や人員シフト管理が甘くなりがちです。この対策として、毎月「店長会議」を開催して、試算表や売上・仕入データに基づいた「利益ベースでの現状認識の共有」と、現状を踏まえた「対策行動の協議検討」を繰り返すＰＤＣＡサイクルを構築しました。

もう1つの問題点が、過去から積み上げたブランドを過信するあまり、新規集客に向けたＰＲ取組を行っていなかったことにあります。これまでホットペッパーやぐるなび等の集客サイトにも依存せず、チラシ配布等もなくここまでの売上規模をつくり上げてきた実力は確かなものであり、むしろ誇るべきことです。

しかしながら、コロナ禍によって一度落ち込んだ客足を回復させるため、さらにはこれまで当店の味を体感したことがない新たな顧客層の来店を促すためには、適切なPR取組が必要との判断に至りました。具体的な手法についてはコストパフォーマンスの観点から慎重に議論を進め、店舗の周辺2km圏内にターゲットを絞ったチラシ配布を実施しました。チラシにおいては、大手外食チェーン店との差別化を徹底し、「地元ならではの新鮮な魚介類の品揃え」を訴求しました。

この取組にあわせて、店外看板等のリニューアル、SNSの運用、POPによる店内プロモーション強化など、新規集客強化と顧客単価アップにつながる「小さな改善取組」を着実に実行しつつ、効果検証とブラッシュアップを継続しています。この取組によって、広告宣伝費や消耗品費は増加しましたが、それ以上に売上高・粗利益が回復し、資金繰りの安定化も実現しました。

もともと味には定評のある実力を有しており、リピート化も順調に進むことが期待されます。長年の安定経営の反面、知らず知らずのうちに見落とされてしまった「小さな改善取組」の価値を役職員全員が実感することで、持続的な成長発展に向けた体制づくりにつながった事例です。

⑥コロナ禍が直撃した生活雑貨製造業：事業承継と事業再構築で新たな成長軌道へ

観光客向けの生活雑貨を製造する企業（売上規模6000万円程度）で、コロナ禍以前から赤字が続いていた案件です。計画策定時点の代表者は高齢であり、SNS活用等の時代に即した活動に支障が出る懸念があったことから、経営改善取組を契機に後継者に事業承継を行いました。

最初に経営改善計画を策定した時点では、インバウンド需要向けの取組強化が大きな柱となっていました。しかし、その後すぐにコロナ禍に巻き込まれることとなり、インバウンド需要をターゲットとした成長戦略は、根元から崩れることとなりました。それどころか、従来の観光客向けの商品・サービスが大きく落ち込み、事業継続が危ぶまれる状況となりました。

この極めて厳しい状況下にあって、目覚ましい力を発揮したのが、事業承継したばかりの若い社長さんです。コロナ禍にあっても提供可能なオンライン販売を強化する、感染症対策を万全にした新しいサービス提供形態を開発する、SNSを活用したプロモーション強化を図るなど、時代の変化を捉えた新たな戦略を次々と実行し、コロナ禍影響が残っている経営環境のなかで大きく売上を伸ばし、黒字化を達成しました。

さらに、事業再構築補助金を活用した新規事業（カフェ事業）は全国ネットのマスコミの取材を受け、集客効果をさらに押し上げるとともに、本業とのシナジー効果もあって収益を大きく押し上げました。この間、私自身は社長さんと毎月ミーティングを重ね、地元商工会議所とも連携しながら、個別の施策の実行支援をサポートさせていただきました。

この改善プロセスは、私が当初思い描いた道筋とは全く異なっており、社長さんの若い感性と不屈の精神力と行動力によるものです。ただし、「高齢の社長さんではこれからの時代を乗り切るのは難しい」という判断と、社長さんを説得したうえで事業承継を予め実現していたことで、間接的に貢献できたものと考えます。また、コロナ前に策定した戦略は、インバウンド需要の回復局面では再び有効なものであり、今後のさらなる成長発展に寄与することを期待します。

⑦原価高騰に苦しむ食品製造業：強気の値上げ交渉で粗利益率を大幅改善

最後にご紹介するのは、近年赤字が急速に膨らんでいた食品製造業（売上規模８０００万円程度）の事例です。この社長さんは本当に真面目で誠実な方で、製造現場から配達業務まで日々懸命な努力をされていました。売上高は安定的に推移している一方で、ウクライナ情勢や急激な円安によって原材料価格や電気代等が軒並み高騰し、十分な粗利益を確保できていませんでした。

この案件では、現状分析にはしっかりと時間をかけつつも、結論は極めてシンプルで「価格が安すぎる」ことが窮境要因でした。過去に何度か値上げはしたものの、その値上げ幅が十分ではありませんでした。もともと朝から1日頑張って生産しても赤字になっていた訳ですから、これ以上たくさん生産して、薄利多売で粗利益を伸ばす余地はありません。固定費削減の余地も少なく、合理的に考えて「値上げしかない」という状況ではありましたが、それでも社長さんの「値上げしたら注文が減るかも？」という不安と恐れの感情は強くありました。

この不安と恐れを払拭すべく、「値上げしても絶対に離反しない顧客」の明確化、「値上げによる注文数量が減少したときの収益シミュレーション」を実施しました。同業種の平均水準と比較しても材料費率が高いことを裏付けとしながら、「すべての顧客に10％値上げ（一部小ロットの配達先には15％値上げ）」を提示しました。

結果としては、もともと当社の強みで合った品質の強みが評価されていたこともあって、大多数の取引先に値上げを了承頂き、大幅な収益改善を達成できる見通しとなりました。

成功事例と失敗事例から見える「経営改善の前提条件」

ここまで、６つの具体的な成功事例を紹介させていただきましたが、これ以外にも運輸業・建設業・ＩＴ関連事業・食品卸売業・美容サービス業など、ＢｔｏＢ・ＢｔｏＣ問わず、様々な業種業態において経営改善の実績があります。

多くの経験を積んだ現在では、「かなり高確率で資金繰りも収益も改善できる」という自信がありますが、まだ経験が浅かった頃に取り組んだ案件のなかには、「黒字化までに想定以上の長期間を要した事例」や「最終的に廃業せざるを得なかった事例」も少数ながら存在しており、その時の苦い思いは今でも強く私の心に刻まれています。

これらの失敗事例（経営改善のプロとして胸を張れるだけの成果が出なかった事例）を振り返ってみると、いくつかの共通点があります。そのうち特に重要な要因が「経営者の覚悟の不足」です。

誰もが「経営をよくしたい」という想いを持っていますが、それは単なる「願望」に過ぎないことも多くあります。他責志向が強すぎて、窮境要因を自分以外の誰か（競合他社・経営幹部・従業員・経営環境等）に押し付けてしまいがちな方も、一定割合で存在します。これは、医療現場において、「治す気がない患者を治療することの難しさ」と通じるものがあります。

経営改善計画を成果につなげるためには、経営者自身が先頭に立って、一定期間の経営努力を継続する必要があります。その道程は決して楽なものではなく、取引先に値上げを要請するにしても、コスト削減に取り組むにしても、従業員に一層の奮起を促すにしても、経営者自身が変革に挑戦する姿勢がなければ成果にはつながりません。そのためには、経営改善に取り組む前段階で、経営者自身が責任の一端を認める覚悟、これまでの行動や習慣のうち変えるべき点は改める覚悟、収益改善のためにできることは何でもやるという覚悟が求められます。

我々経営改善支援のプロフェッショナルとしても、一旦引き受けた案件は何があっても成果に繋げる覚悟が求められます。想定した成果を出せなかったときに、「クライアントの覚悟の不足」を言い訳にするコンサルタント（もどき）も数多くいますが、中小企業経営者にとって最後の砦である経営改善の現場でそれは通用しません。

今回ご紹介した様々な成功事例が示すとおり、「適切な戦略に基づいて、正しい努力を、一定量やり続ければ、どんな難局からでも高確率で経営改善を実現できる」ということは紛れもない事実です。シンプルに表現すると、「やればできる」という前提に立てば、あとは「やるかどうか？」「やり続けるかどうか？」にかかっているということです。

経営改善計画策定を始める段階では、社長さんは自信を喪っているかもしれません。しかし、今がどんなに苦しくとも、これまで事業を続けてきたことには大きな価値があります。具体的な改善の道筋が見えていなくても、その価値をうまく活かせば必ずや経営はよくなるという確信を共有することが肝要です。

そのうえで「改善に向けた挑戦をする覚悟」をしっかりと確認して、具体的なプロジェクトに進んでいくことが成果を出すための前提条件になると考えます。

第2章

会社経営のリアルが変わる!
「経営改善計画」の実践ポイント

1　本気の経営改善計画――策定から実践まで

経営改善計画の流れと全体像

第1章にて、中小企業が業績不振から資金繰りに窮する状況に陥るプロセスや原因、そしてそこから立ち直りを目指すための経営改善計画の概要をお伝えさせていただきました。

この章では、具体的に経営改善計画を進めていく手順やポイントをお伝えさせていただきます。読者の皆様が、経営改善計画策定の支援者としてどのように関わっていくかは、それぞれの立場で異なると思いますが、いずれの場合もまずは全体像を把握しておく必要はあります。

経営改善計画の策定から実践のプロセスには、「社長さん」と「支援者」、そして「金融機関」が登場人物となります。第1章でも述べたとおり、経営改善を進める前提として、社長さん自身が、経営改善に向けた「本気の覚悟」を決めていただかなければなりません。同時に、金融機関からの借入がある場合は、金融機関にもその「本気の覚悟」を応援するというスタンスを決めていただくことが必要となります。

プロジェクトが開始したら、まずは現状分析を行います。

現状分析は、財務データと実態に乖離がないかを確認しながら、資産実態や損益動向を把握する財務の目線（財務ＤＤ）と、市場動向や自社の強み弱み等を把握するビジネスの目線（事業ＤＤ）

の２つの観点で実施します。

このプロセスで、社長さん自身が気づかなかった課題や可能性が浮き彫りになってくることが多くあります。また、社長さんご自身がその現状分析を理解できれば、おのずと改善の方向性が明らかになってきます。

現状分析をしっかりと行い、経営改善の方向性が明らかになったら、それを具体的な計画に落とし込んでいきます。この計画は、行動計画（誰が・いつ・何をするのか）と、数値計画（損益計画・貸借対照表計画・キャッシュフロー計画）をそれぞれ作成します。これに合わせて、有利子負債キャッシュフロー倍率を算出することで、借入金返済の目途を明らかにしていきます。

計画ができたら、取引金融機関を集めたバンクミーティングを開催します。現状分析結果の報告、今後の戦略や経営改善の方向性の確認、行動計画や数値計画の妥当性を説明し、金融支援（返済条件変更・新規融資・借換え融資等）の申し入れを行います。各金融機関には、ミーティングの席上での説明や質疑応答内容を踏まえて持ち帰って審議いただき、経営改善計画および金融支援についての「同意書」に支店長印を捺印いただき承認を得ます。

絵に描いた餅にさせない！　伴走支援（モニタリング）の重要性

このような流れで計画策定を進めて、金融機関の同意を取りつけることができたら、経営改善計画策定支援業務はひと段落です。この瞬間、社長さんからは「おかげさまで助かりました！　ありがとうございました！」ともの凄く感謝されると思います。

しかし、ここで留意しなければならないのは、「この段階ではまだ何1つ始まっていない」という事実です。あくまで計画を立てただけであり、行動するのも、その結果が表れるのも、これから数年かけて経営改善の取組みを実行し継続できるかにかかっています。小学生の頃の夏休みの宿題みたいなもので、勉強する計画を立てただけで何かをやり切った気分になりがちですが、これは非常に危険なことなのです。

そこで、経営改善計画書を策定した後に、計画どおりに経営改善が図られているか進捗管理するために「伴走支援（モニタリング）」を行います。

案件によっても異なりますが、一般的には①1か月ごとに試算表をすべての金融機関に報告する、②半期（6か月）が過ぎた段階でバンクミーティングを開催し経過報告をする、③決算ができた段階でバンクミーティングを開催し当該年度の取組み結果と数値状況を振り返る、という流れで、金融機関への報告を継続的に行います（国が運営する経営改善計画策定支援事業では、3年間の伴走支援報告が義務づけられています）。

これは、社長さんにとっては面倒くさい話に思われるかもしれません。しかし、支援者の立場としては、「立案した計画を絵に描いた餅にしないように、あらかじめ配慮していただいている」というポジティブな考え方で取り組んでいただくよう働きかける必要があります。実際、本気で経営改善に取り組む意思のある社長さんからは、「計画を立てるまでに留まらず、少なくとも3年間フ

【図表３　経営改善の策定から実践のプロセス】

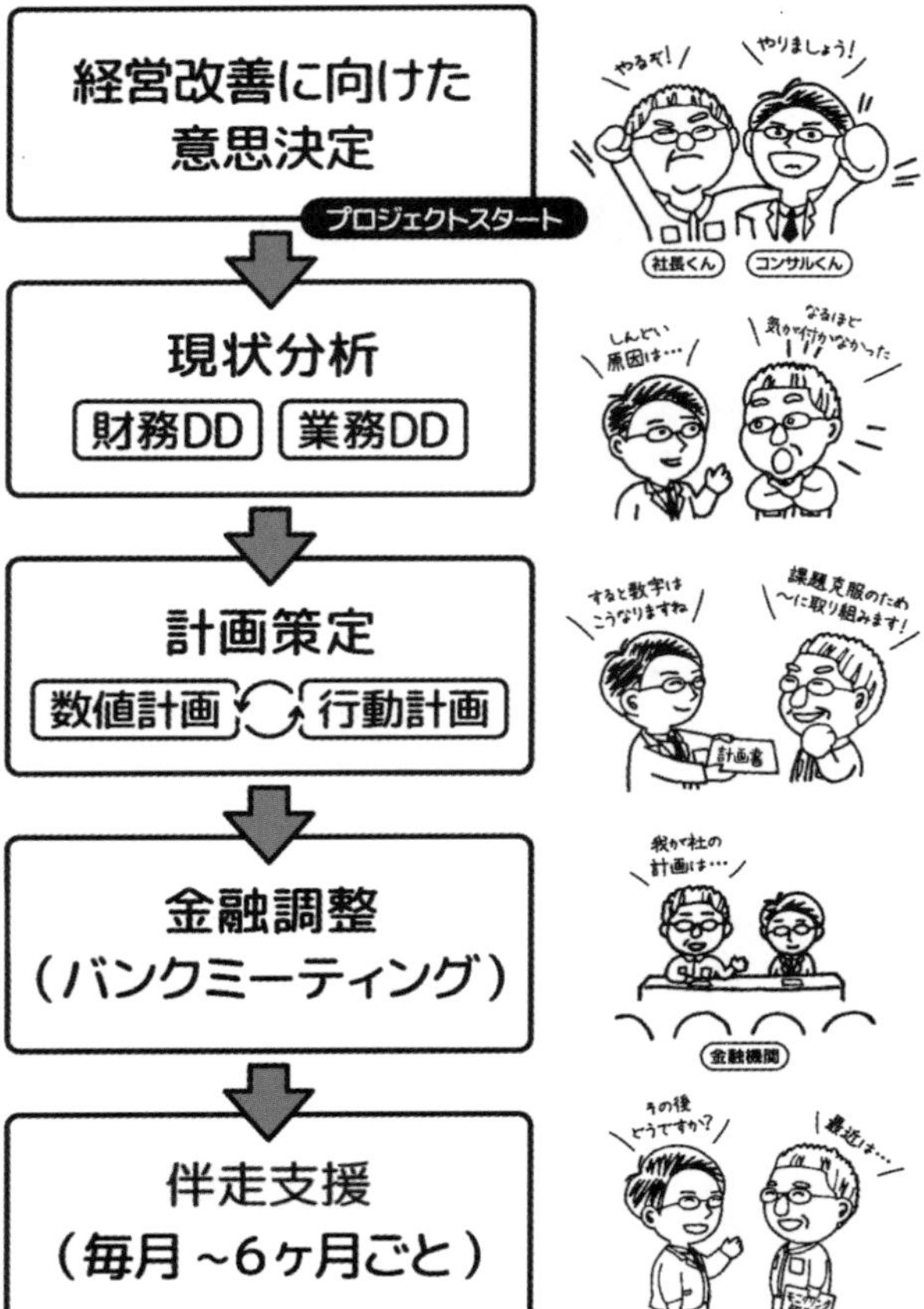

ォローしてくれることはありがたい」という声もあります。

また、経営改善を支援する我々の立場にとっても、「見た目だけ格好よいが結果につながらないようないいかげんな計画ではモニタリング時に恥をかくこと」が明らかであることから、ある意味で健全なプレッシャーになります。

社長さんにとっても、支援する側にとっても、本気の経営改善を推進して所期の目的を達成するために、モニタリングを有効に活用していくことが求められます。

2　経営難の根本原因をあぶりだす「現状分析」①財務分析のコツ

財務分析だけでは「評論文」にすぎず、事業分析だけでは「感想文」にすぎない

前節にて経営改善計画策定支援業務の全体像を解説しましたので、ここからは各プロセスの具体的な進め方や実践のコツをお伝えしたいと思います。

前述のとおり、経営改善プロジェクトが開始後、まずは現状分析を行います。過去から現在までの流れを踏まえて、現在の立ち位置をしっかりと確認します。このプロセスのゴールは、「なぜこんなにも経営が苦しいのか（原因の特定）」と「このまま何もしなければどうなるのか（現状維持した場合の将来予測）」を社長さん自身にしっかりと理解していただくことになります。

現状分析は、「財務分析（財務ＤＤ）」と「事業分析（事業ＤＤ）」の2つの目線から実施します。

前者は財務諸表をはじめとした「数字を使った定量的な分析」が中心となり、後者は市場環境調査や社長さんへのヒアリングや実地調査等を基にした「定性的な分析」が中心となります。

これは、それぞれ別の取組みのように見えますが、経営改善においてこの両者は密接に関係していることに留意する必要があります。

例えば、定量的に「原価率が上がったので粗利益が減少した」という財務分析が出たとします。なるほど、これは利益が減った原因の1つであることは間違いなさそうです。さらに分析を進めれば、原価の中でも材料費が上がったのか、労務費が上がったのか、その他経費が上がったのかまで分析を進めることはできるでしょう。

しかし、どこまで定量的な分析を進めたところで、財務データは「過去の結果の現れ」にすぎません。経営指標が悪化していることが判明しても、それだけでは現状分析にはならず、ただの「評論文」に終わってしまいます。

その逆に、定性的なヒアリングで「原材料費が値上がりしたから利益が減った」という社長さんの認識情報を得たと仮定します。社長さんの頭の中ではそれが正しい事実なのかもしれませんが、数字と照らし合わせてみると原材料相場が値上がりする以前から原価率が悪化していたかもしれませんし、原材料費以上に利益を圧迫している他の費目が存在している可能性もあります。ヒアリングや現場視察は重要ですが、限られた時間で見聞きした情報だけでは、ただの「感想文」にすぎません。

「定量的な情報」と「定性的な情報」は、それぞれ相互に関連しており、両面からしっかりと分析と検証を行うことで、より「核心的な原因」に近づくことができます。

そして、「核心的な原因」に近づけば近づくほど、真に結果につながる経営改善の方向性を提示することが可能となります。

財務分析のコツ①決算書の「真の姿」を明らかにする

財務分析は、決算書のデータを基に行いますが、決算書データそのものが企業の現状を正しく表せていないことがあります。例えば、在庫として資産計上されているが実際には売れる見込みがない無価値な在庫が山ほどある、古い建物や機械で減価償却が適正に行われておらず実態より高い価額で残っている、売掛金が資産として残っているが実際には回収不能となっている、決算書に載っていない債務（未払金・未払費用等）がある、といったものです。これらは、実態よりも決算書がよく見える歪みであり、実態把握のうえで修正する必要があります。

このような歪みが生じる理由は様々ですが、1つには「金融機関に対して悪い決算書を見せると資金調達が難しくなるのではないか」という社長さんの恐れがあるように思います。しかし、気づかれていないと思っていても、実は金融機関サイドではある程度の実態情報を把握しているものです。どこまで厳密に表面化させるかは案件によって異なりますが、基本的にはこれまで潜在化していた膿を出しきるつもりでなるべく実態に即した数値に反映させることを推奨します。

逆に、決算書上は負債となっている「社長さん個人からの借入」や「返済する予定のない親族からの借入」については、債務ではなく自己資本とみなす修正を行うこともあります。中小・零細企業では、会社の財産と個人の財産が大企業のように明確に区分・分離がなされておらず、実質一体となっている場合が多いためです（金融庁の金融検査マニュアル別冊においても、中小企業特性を踏まえた自己査定を行うことが記載されています）。

このようにして、会社の実態をより正確に反映した「修正後の決算書」は、経営改善計画におけるスタートラインとなります。スタートラインの認識がずれていると、経営改善計画における数値計画にも影響するため、後々手戻りが生じることがあります。そのため、修正に際しては、なるべく早い段階で取引金融機関と事前相談しながら進めていくことを推奨します。

財務分析のコツ②「平均」と「傾向」で問題点をあぶりだす

スタートラインを明らかにしたうえで、いよいよ経営難の原因を定量的なデータから明らかにする財務分析を行います。

財務分析は、主に①収益性（売上総利益率・営業利益率・経常利益率・総資本利益率等）、②成長性（売上高増加率・利益増加率）、③安全性（自己資本比率・負債比率・流動比率等）、④効率性（総資本回転率・固定資産回転率等）、⑤生産性分析（労働分配率等）の５つの視点から行います。

これらの指標は、正しい数値に基づいて正しく計算すれば、誰がやっても同じ結果が導き出されます。しかし、これらの指標をいくら眺めても、それだけでは何の役にも立ちません。指標を活用して問題点をあぶりだすには、２つの視点が必要となります。

１つめの視点は、「平均」との比較です。わかりやすくいえば、「同業他社の平均値と比較して優れているのか、劣っているのか」という視点です。同業他社といっても、厳密にいえば全く同じビジネスをしていることはありえませんし、企業を取り巻く環境も個々に異なります。

しかし、ほとんどの中小企業の社長さんは、自社の決算書しか見たことがなく、同業他社の平均値については強い関心を持っていただけます。なお、同業他社の平均値を活用するには統計データが必要となりますが、ＴＫＣ全国会（会計事務所の業界団体）が会員向けに提供している「ＴＫＣ経営指標（ＢＡＳＴ）」や、帝国データバンク社の「全国企業財務諸表分析統計」等を活用します。

２つめの視点は、過去からの「傾向」の把握です。同じ会社で、同じビジネスを継続しているにもかかわらず、上昇傾向・下降傾向にある指標には、何らかの変動要因があるはずです。このような傾向分析を行う場合は、少なくとも3期分の決算書を並べてみる必要があります。ここ数年、ずっと低迷しているような場合は、「過去に儲かっていた時代の決算書」と比較してみることも有効です。

定量的な数値データをもとに、「なぜ同業他社と比較して、当社は○○比率が高いのでしょうか」あるいは「なぜここ数年間（あるいは儲かっていた時代と比べて）、当社の○○比率は悪化しているのでしょうか」という素朴な質問の投げかけが、社長さん自身も気づいていなかった問題点をあぶりだし、経営改善の突破口となるケースはかなり多くあります。

3　経営難の根本原因をあぶり出す「現状分析」②事業分析のコツ

ビジネスの全体像を把握する（企業集団の状況とビジネスモデル俯瞰図）

ここからは、事業分析の具体的な取組みの手法について解説します。社長さんへのヒアリングや実地調査等で、財務分析では現れない問題点を発見したり、財務分析で得られた仮説の検証を行ったりします。

しかし、分析を行う以前の問題として、その会社のビジネスがどのようにして成り立っているのかを把握する必要があります。

経営改善計画書においては、まず「企業集団の状況（グループ相関図と呼ばれることもあります）」を作成します。

これは主に「株主（＝多くの場合は社長さんとその親族）」と「取引金融機関」、必要に応じて「子会社や関連会社等」との資金面・資本面での貸借関係をわかりやすく図式化して解説したものです。「誰がどこまでの範囲で経営責任を負っているのか」、「当社の経営を取り巻く登場人物にはどのような人がいるのか」、「どこからどのように資金調達して現在のビジネスが成り立っているか」をまとめた、いわば貸借対照表を視覚的に解説したものとなります。

【図表４　「企業集団の状況」と「ビジネスモデル俯瞰図」】

企業集団の状況（例）

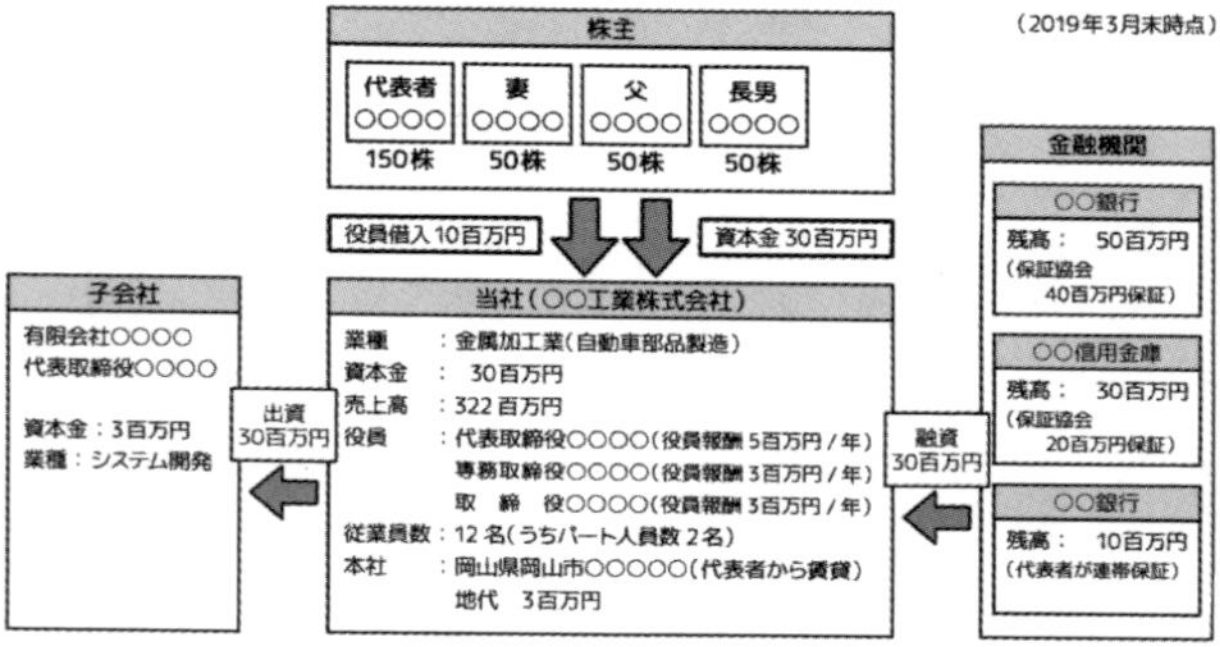

ビジネスモデル俯瞰図（例）

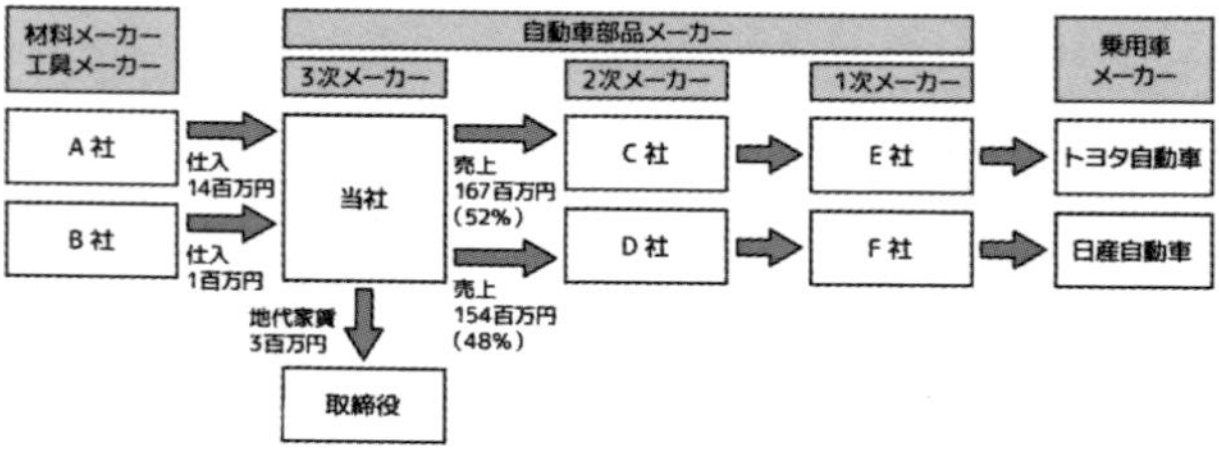

【仕入高推移】

	H22/9	H23/9	H24/9
A社	4	13	14
B社	3	3	1
合計	7	16	15

【売上高推移】

	H22/9	H23/9	H24/9
C社	144	232	167
D社	79	117	154
合計	223	349	321

これに対して、損益計算書（特に売上総利益）を詳細に解説するために、仕入・製造・販売までの流れを図表化したものが「ビジネスモデル俯瞰図」です。仕入先や得意先、外注先などの「外部取引」と、受注・製造・発送等の「内部工程」を表現します。金融機関等の第三者に対して自社の事業内容をわかりやすく伝えることを目的としたものですが、実は社長さん自身にとっても、長年経営してきて当たり前のようになっている自社の事業内容を改めて図表化することで新たな発見につながることもあります。

事業で十分な付加価値を生み出せていないのであれば、ビジネスモデル俯瞰図に記載したどのプロセスが阻害要因となっているのかを社長さんと協議する土台として、有効に活用することができます。

「内部環境」と「外部環境」から方向性を決める（ＳＷＯＴ分析）

ビジネスの全体像を把握したら、いよいよ現状の課題を明らかにして、今後の経営改善の方向性を定める分析を進めます。その際によく活用されるのがＳＷＯＴ分析というフレームワークです。Strengths（強み）・Weakness（弱み）・Opportunity（機会）・Threat（脅威）の４つの項目から、内部環境や外部環境について分析を行い、改善策の洗い出しや戦略の方向性を導き出すために活用します。

この４つの項目のうち、強みと弱みは、自社の企業努力でコントロールできる領域であり、「内ます。逆に、機会と脅威は、政治動向や規制、経済・景気、社会動向、技術動向、業界環境やユーザーのニーズの変化など、自社の企業努力だけで変えられない「外部環境」となります。

苦境に陥っている企業でSWOT分析を行う際、普通に社長さんにヒアリングした内容だけを書き出すと、「内部環境よりも外部環境に偏りがち」かつ「ポジティブ要因よりもネガティブ要因に偏りがち」になることに留意する必要があります。外部環境をいくら解説しても、所詮は自分ではどうしようもないことです。また、ネガティブな要素をいくら正確に書き出したとしても、現状解説や言い訳にはなるかもしれませんが、今後どうすべきかという解を得ることはできません。

経営改善の支援者である我々の手腕の見せ所の1つが、ひょっとしたら社長さん自身も気づいていない「強み」を見出すことにあります。どんな企業にも、どんなに苦しい状況でも、必ず「他社にはない強み」は存在します（そうでなければとっくの昔に潰れているはずです）。

ちなみに私が経営改善の現場で強みを見出す際には、「なぜ現在取引いただいているお客様は、他の誰でもなく、当社を選んでくれているのですか」という質問を使います。ありとあらゆる選択肢がある中で、世界でたった1つ、わざわざ当社の商品・サービスを選んでお金を払っていただいたという事実の中には、様々な珠玉の情報が隠されていますので、ぜひ皆さんにも活用していただきたいと思います。

なお、SWOT分析を行うだけでは、単に内部要因と外部要因を書き出したにすぎません。前述したように、外部環境とは自社の努力だけでは変えられないものであり、どんなに大きな企業でも外部環境に抗うことはできません。まして中小企業の社長さんとしては、外部環境に内部環境を適応させていく戦略を考えていくしかありません。

この戦略オプションを検討するフレームワークが、「クロスSWOT分析」です。SWOT分析の各要素を掛け合わせて、積極的戦略（強み×機会）、改善戦略（弱み×機会）、差別化戦略（強み×脅威）、防御・撤退戦略（弱み×脅威）の4つの戦略オプションの中から、自社が今後取るべき方向性を見出していきます。

なお、経営改善計画書においては、このクロスSWOT分析結果をそのまま記載することもありますが、多くの場合は、使える意味のある戦略のみを絞り込んで、「経営改善のストーリー」として記載します。「こういう外部環境に対して」→「こんな強みを活かす（こんな弱みを改善する）ことで」→「こういう成果が期待できる」という筋書きを明示することで、その後の行動計画や数値計画の土台を構築していきます。

事業分析のコツ③「経営者」の問題から逃げない

これはとくに中小・零細企業の現状分析において顕著なのですが、経営難の原因を突き詰めると「経営者」の問題に直面せざるを得なくなります。わかりやすく言えば、「現在の苦境の原因の1つは社長さん自身の問題もありますし、経営改善を進めたいなら社長さん自身が変わらないとダメで

【図表５　クロスＳＷＯＴ分析】

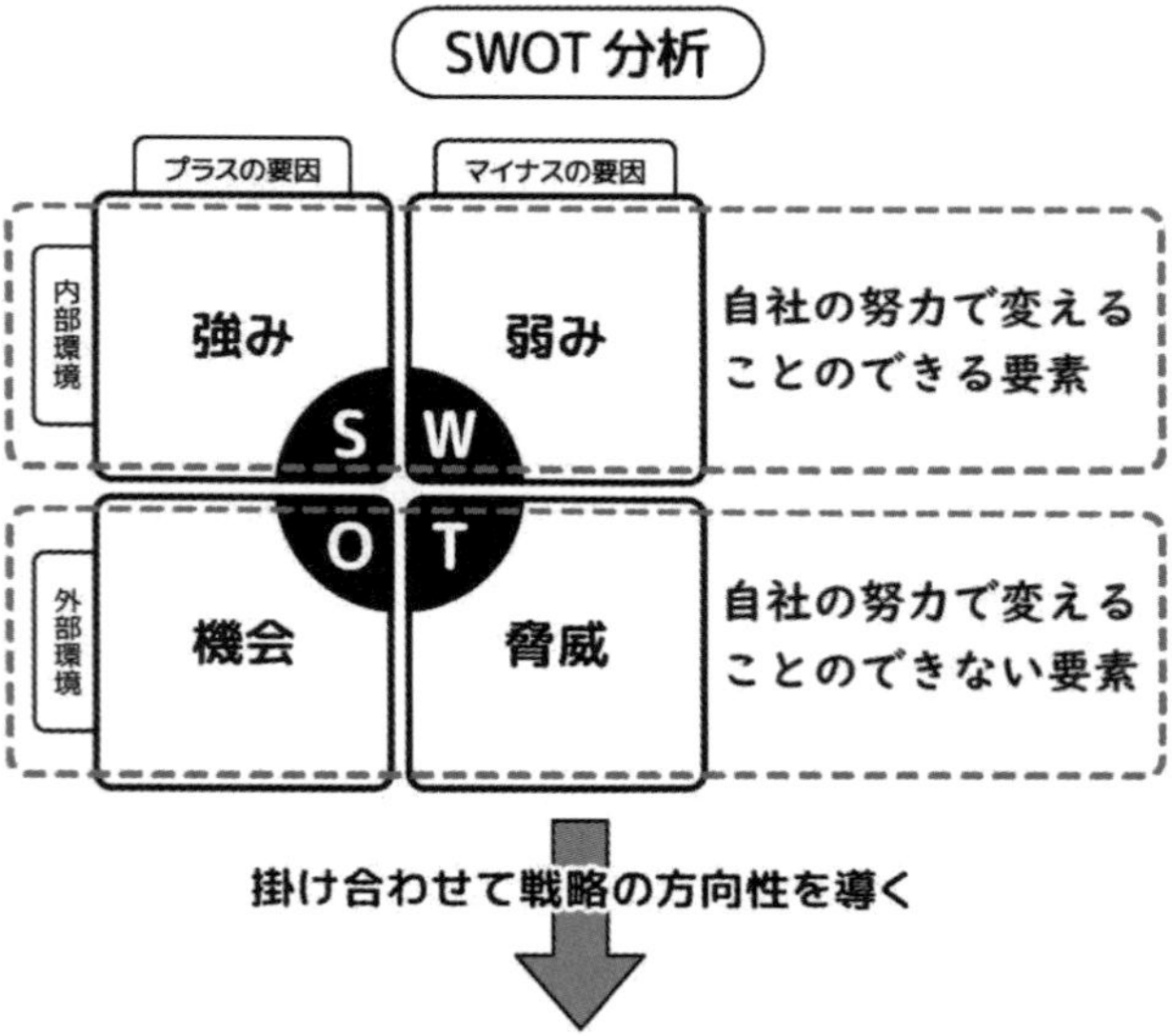

	強み Strength	弱み Weakness
機会 Opportunity	**積極的戦略** 内部の強みを活かし 外部の機会を最大限に 活用する戦略	**改善戦略** 内部の弱みを克服し 外部の機会を最大限に 活かす戦略
脅威 Threat	**差別化戦略** 内部の強みを活かし 外部の脅威を克服・対抗する ための戦略	**防御・撤退戦略** 危機を回避するための戦略

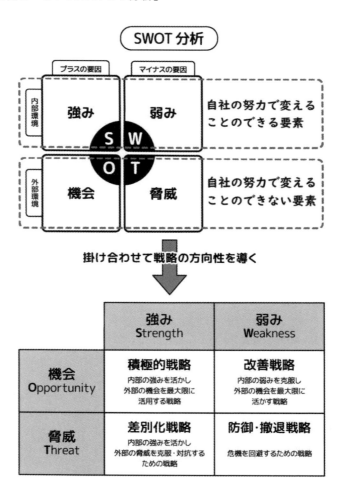

すよ」ということを伝える必要があります。ここを上手に落し込めるかどうかで、その後の経営改善の成否が大きく変わってきます。

社長さんの性格にもよるのですが、「自分自身は精一杯頑張っている」と思っていればいるほど、「現在の苦境を自分以外の誰かのせい」にしたくなる傾向があります。社長さんにとっても面白くない指摘になる可能性は高く、指摘する側としてもちょっと勇気が必要ですが、ここから目を背けていては最終的によい結果を得ることは難しくなります。

言いにくいことをきちんと伝えるためには、その前提として、社長さんと支援者との間に信頼関係を構築しておく必要があります。「支援者としても、この会社をよくしていきたい。その想いは、社長さんと一緒である。だからこそ、社長さんにも変わるべきところは変わってほしいと願っている」ということが正しく伝わっていれば、むしろ前向きなアドバイスとして受け取っていただけます。ただでさえ社長さんという立場は「誰も言いにくいことを指摘してくれない」ということもあって、「愛を持ってズバッと言ってくれる存在」を貴重に思っていただけることも多くあります（そうではない場合もありますが）。

なお、弱みを克服するために「経営者の問題」を指摘するのはよいのですが、これによって社長さんが委縮してしまい、せっかく持っている強みが失われてしまっては元も子もありません。まして
や、社長さんの人格否定につながるような指摘をしてしまっては、信頼関係の土台が崩れてしまいます。あくまで「前向きな事業分析の一環」として取り組むことが肝要です。

4　実現可能性を飛躍的に高める「計画策定」①行動計画策定のコツ

「優先課題」にフォーカスする

現状分析から経営課題が明らかになると、自然と「何をしなければならないか」が見えてきます。SWOT分析を詳細にやればやるほど、細かい部分も含めてやらなければならないことが多岐にわたってくるものです。しかし、経営資源には限りがありますし、人間が一度にできることには限界があります。あれもこれも取り組んだが、結局どれも中途半端になってしまっては、経営改善取組みの効果はゼロ…いや、マイナスになってしまうことも想定されます。

そこで、計画策定段階では、「優先課題」への絞り込みを行います。同じ時間をかけて努力をするのであれば、利益とキャッシュフローがより大幅に改善する努力をするべきです。

例えば、コスト削減のために「コピーの裏紙の使用を徹底します」という行動計画は、従業員にコスト意識を徹底するという観点から意味があるかもしれません。しかし、そのことによって直接的に得られるコスト削減効果は、たかが知れています。現場でできる自助努力として取り組むことはむしろ推奨しますが、社長さんが本気で取り組むべきことは、他にもあるはずです。

社長さんがやる価値がある「優先課題」は何かを見極めて、優先順位をつけて確実に実行していく計画を立てることで、実効性が高まります。

「頑張ったらできること」にフォーカスする

行動計画策定におけるポイントとして、「実現可能性があるか」という観点があります。ただでさえ、経営が苦しい状況ですので、改善の取組みにかけることのできる財源は限られています。優秀な従業員ばかりがたくさんいるわけでもなく、社長さん自身の時間も1日24時間と決まっています。

そんな中小企業に対して、どんなに効果が発揮される可能性があるとしても、多額の費用がかかるような取組み、特別なスキルが求められる取組み、社長さんが24時間３６５日働き続けないと実行できないような取組みを行動計画として策定しても意味がありません。

例えば、「新規取引先を開拓するために営業活動を強化する」という当たり前のような取組みであっても、その実行のためには営業のスキルが必要です。中小企業の社長さんがすべて高い営業スキルを持っているわけでなく、むしろどちらかといえば苦手な方も多いのが実態です。営業が苦手な社長さんに対して、新規開拓営業を強いたとしても、これは結局実行されない可能性が極めて高くなります。一般論として「やるべき（やったほうがよい）こと」がわかっていても、「その企業・経営者にとっては実質的に不可能」という取組みは、最初から経営改善計画の中には盛り込むべきではありません。

経営が苦しくなった現状は、「ちょっと頑張ったらできることが、できていなかったこと」が積み重なったものだと考えるほうが適切です。裏を返せば、「ちょっと頑張ったらできることを、すべて確実に遂行すること」で、経営改善に向けた取組みは進んでいけるものだという認識を持って、実行可能な行動計画を策定していくことが肝要です。

５Ｗ１Ｈで可能なかぎり具体化を図る

社長さん自身はもちろん、金融機関等の第三者が見ても納得できるレベルで行動計画を策定するためには、具体化が鍵を握ります。この具体化のために必要な考え方が、5W1H、つまり、誰が・なぜ・いつ・どこで・何を・どのように、を明確にしていく必要があります。

例えば、「売上アップのためにマネジメントを強化する」という行動計画は、確かに正しい方向には向かっているように見えますし、そのこと自体は誰も否定できません。しかし、これでは具体的に誰が何をするのか、さっぱりわかりません。

これを、「社長さんが、各店長との進捗把握を共有化と対策検討のために、毎月1日に、本社で開催するミーティングで、店舗別損益目標の進捗状況を、顧問税理士から提供された部門別目標管理表を使って協議する」というレベルまで落としこんでいきます。これによって、「管理帳票をつくる、ミーティング日程を決める、各店長にスケジュールを伝える」といった具体的行動が明らかになります。

具体化することで、その後のモニタリングにおいても「実行したか、実行しなかったか」を明確に判定することができますし、これにより絵に描いた餅になることを防ぐ効果があります。

5　実現可能性を飛躍的に高める「計画策定」②数値計画策定のコツ

「行動計画」に裏づけされた「数値計画」以外は無意味

前節にて経営改善の戦略的な方向性を見出したら、いよいよこれを計画に落とし込んでいきます。経営改善計画書では、「行動計画（アクションプラン）」と「数値計画」をそれぞれ作成します。

ここで重要な1つ目のポイントとして、この2つの計画をしっかりと関連づけることが重要となります。仮に、「売上が毎年10％ずつ伸びます！」という数値計画があったとして、その根拠となる行動がなければやる前から絵に描いた餅が確定しているようなものです。逆に、「売上アップのために○○に取組みます！」という行動計画があったとしても、それが数値としてどのように表れるのかが不明瞭であれば単なる気合いに過ぎません。

私が経営改善計画策定を進める際には、まずは勝手に「このまま現状維持が続いた場合の数値計画」をシミュレートします。今でも既に苦しい状況に陥っているわけですから、現状維持が続く前提であれば、当然ますます苦しくなっていく様を数値で確認することができます。

ここから、利益が改善していくための計画を練るのですが、単に数字遊びにならないよう、「何をどう変えるのか」→「その結果、数値がこれくらい変化する」という緻密な積み上げを行っていきます。

数値計画策定に社長さん自身を巻き込む

前述のとおり、数値計画は根拠に基づく緻密な積み上げの集大成です。しかし、中小企業の社長さんの中には、「数字を見るのは苦手」という方も少なくありません。「先生、私とにかく頑張りますので、数値計画はお任せしますから、適当にいい感じでつくってください」というご依頼を受けることもあります。

しかし、このご依頼はお引受けすることはできません。経営改善計画は、あくまで当該会社が主体的に作成するものであり、決して第三者が代理として作成できるものではありません。

私が数値計画を策定する際には、叩き台としての「現状維持のシミュレート」までは事前に作成しますが、その後の具体的な作成段階では、私のパソコン画面をプロジェクターで打ち出して、社長さんや顧問税理士さんと議論しながら進めていきます。

ＥＸＣＥＬで数式を組んだ損益計画書を事前に作成しておくか、経営計画策定の専用ソフトを活用すると、１つの科目の数値を変化させるごとに最終利益にも反映されます。なかなか最終目標とする利益計画まで到達できず、売上計画やコスト計画を、実現可能性と実効性を検証しながら詰めていきます。私の今までの最長記録では、ぶっ続けで約８時間をかけて、社長さんと経理担当、顧問税理士とともに議論に議論を重ねながら数値計画を策定したことがあります。

「３年後に経常黒字を達成します」と口にするのは簡単です。また、そのような計画書をつくること自体は、作業レベルで簡単にできてしまいます。

しかし、数値計画策定のプロセスに社長さんを巻き込むことによって、「３年後の経常黒字化が、いかに一筋縄ではいかないことか」また「そのために何をどれくらい取り組まなければならないか」ということが、社長さん自身にとってリアルな実感として伝わる効果があります。自称「数字が苦手な社長さん」でも、１つひとつ丁寧に解説していけば、必ず理解していただけますし、最終的に数字に責任を持つという自覚を促す効果もあります。

6　すべての金融機関から「同意」を取りつける

取引金融機関とは事前相談のうえでプロジェクトを進める

経営改善計画書の１つのゴールは、返済条件の変更や、新規融資・借換え融資等の「金融支援」を認めてもらうことにあります。その根拠として経営改善計画を策定するのですが、当然、金融機関には金融機関の都合があり、何でもこちらの思いどおりに支援をしてくれるわけではありません。

そのため、経営改善計画策定のプロジェクトを開始する前に、まずは金融機関に事前の了解が必要となります。国が定める経営改善計画策定支援事業においては、申し込みの際にメインバンクの事前了解が必須となっています（申請書にメインバンクの支店長印の捺印が必要）。また、メインバンク以外の取引金融機関に対しても、最終的には計画に対する同意をいただく必要があるため、プロジェクト開始のタイミングですべての金融機関に対して経営改善計画策定に取り組むことを表明します。郵送やFAXでも構いませんが、できれば社長さんと我々支援者が一緒に、すべての金融機関へのあいさつ回りをすることを推奨します。

私の経験上、金融機関からも経営改善計画策定はポジティブな取組みとして、温かく迎えられるケースのほうが多いと思います。社長さんにとっても安心して計画策定に集中していただけますし、金融機関の本音（支援に対するスタンス等）に触れることができるのもメリットです。

金融機関が気になる「実抜計画」とは

経営改善計画において「実抜計画（じつばつけいかく）」というキーワードが出てくることがあります。これは「実現可能性の高い抜本的な経営再建計画」のことです。

金融機関では、お金を貸している債務者（企業）の財務状況、資金繰り、収益力等により、返済の能力を判定して、その状況等により債務者を正常先、要注意先、要管理先、破綻懸念先、実質破綻先及び破綻先に区分して管理をしています。仮に、金融支援としてリスケ（返済条件変更）を要請する場合、通常であれば「要管理先」の不良債権として取り扱われる可能性が高くなりますが、実抜計画を策定することによって「要注意先」の正常債権として取り扱われる可能性が出てきます。金融機関にとって、不良債権か正常債権かの違いは大きく、非常に強い関心を持っています。

「実現可能性の高い」とは、「①計画の実現に必要な関係者との同意が得られていること」、「②計画における債権放棄などの支援の額が確定しており、当該計画を超える追加的支援が必要と見込まれる状況でないこと」、「③計画における売上高、費用及び利益の予測等の想定が十分に厳しいものとなっていること」と規定されています。つまり、まずは策定した計画が絵に描いた餅にならず、ほぼ計画通りに進捗していく可能性が高い計画が、実現可能性が高い計画ということになります。

「抜本的な」とは、中小企業の場合は「概ね5年以内に債務者区分が正常先となること」と規定されています。正常先とは、業況が良好で、財務内容にも特段の問題がないと認められる融資先をいい、そのための基準としては、①債務超過ではないこと（純資産額がマイナスではない）、②債務償還年数（※）が概ね10年以内とされています。

※債務償還年数＝要償還債務（※1）÷借入元本返済原資（※2）

※1要償還債務＝有利子負債－（正常運転資金＋現預金＋換金性のある有価証券）

※2借入元本返済融資＝経常利益－法人税等＋減価償却費

これらのことから、一般的には金融機関としては「3年以内に経常利益ベースで黒字化」、「5年以内に債務超過の解消」、「計画終了時点で債務償還年数が10年以内」という数値計画を期待しています。とはいえ、数値計画がありきで、その実現性が確保できないのであれば意味がありません。

また、経営改善計画はあくまで「社長さん自身が主体的に作成し、納得して取り組むものであること」を考えると、金融機関が求める数値計画を押しつけることも本末転倒です。ただし、あまりに保守的で低すぎる数値計画では取り組む意味もありませんので、最低でも債務償還年数15年未満の達成を目指す計画で合意できるよう、社長さんと金融機関との間の調整を支援していきます。

バンクミーティングで同意を形成する

経営改善計画に対する金融機関の同意は、個別に各金融機関に説明して回る場合と、取引金融機関を一同に集めたバンクミーティングを開催する場合があります。ここでは、後者のバンクミーティングの進め方について解説します。

まずは、開催日時と会場を、メインバンクと相談しながら決めていきます。開催日時については、金融機関が忙しくなる月末は避けるよう配慮します。また、今や金融機関でも「働き方改革」が叫ばれていますので、移動時間を含めて「営業時間内」に収まるよう配慮します。

会場については、企業の会議室、顧問税理士の会議室、金融機関の会議室、貸会議室等の選択肢があります。参加者が収容できればどこでも構いませんが、議事内容はもちろん、会議の開催自体を含めて、対外的に一定の秘匿性が保たれることが求められます。私の場合は、金融機関担当者になるべく「リアルな経営の現場」を実感していただく観点から、可能なかぎり「会社の会議室等」で開催するようにしています。

バンクミーティング当日は、我々支援者が司会進行を務めます。私の場合は、冒頭に社長さんから各金融機関へのご挨拶をいただき、その後に経営改善計画内容の説明、金融支援要請内容の説明、質疑応答を行った後に最後に社長さんの締めの挨拶（決意表明）の順で進めていきます。細かい内容については私が支援者として説明させていただきますが、あくまで「社長さんが主体的に策定した計画」であり、特に冒頭と最後の決意表明に、社長さんの本気度合いが現れます。

第3章　会社の血流を絶やすな！「資金繰り改善」のアドバイス

1　資金繰り管理を徹底せよ！

資金繰りが厳しい社長さんの典型パターンとは

経営改善計画の策定が必要となる企業は、業績不振かつ資金繰りが厳しい状況に追い込まれているのが一般的です。業績不振が長く続けば徐々に資金繰りが悪化するのは明らかですが、資金繰りが厳しい会社の特徴として、業績不振以外の要因を抱えていることが多くあります。

その典型パターンの1つ目として、「社長さん自身が、月次の損益を把握していないケース」です。社長さんに、「先月の売上高はいくらでしたか。昨年度と比較して増えていますか」と質問してみて、「えーっと…、資料を見ないとわかりません」とか「嫁さん（経理担当）に聞いてみてください」という回答が返ってきた場合は、まず間違いなくこのパターンに該当します。

普段から月次の損益を確認していれば、正確ではないにしても大まかには即答できるはずです。いくら突然の質問だからといって、社長さんが全く答えることができないことは社長さんがそもそも数字に興味がなく、他人任せにしているとみてほぼ間違いありません。場合によっては、税理士とのお付き合いが決算処理のみとなっていて、月次の試算表すら作成していないこともあります。

2つ目として、「資金繰り管理を行っていないケース」が挙げられます。このケースに該当する場合は、「1週間後までに300万円が必要だから何とかしてほしい」という突然のお願いが頻発する傾向があります。本来、きちんと資金繰り管理を行っておけば、1～2か月前にはある程度予測が立つはずなのですが、とにかく突然で緊急の要請になってしまうため、社長さんも慌てて、金融機関担当者もそれに振り回されてしまいます。手元資金に余裕があると、将来生じる支払予定を認識できず、ついつい優先順位の低い事項に現金を使ってしまうため、いざというときに支払資金が不足することに陥ります。個人資金と会社資金の線引きが曖昧で、頻繁に役員借入金や親族からの借入金が増えたり減ったりする傾向があります。

このようなパターンに該当したとしても、業績が好調であれば、金融機関も何とかしようと努力してもらえますが、「いざ困っても誰かが何とかしてくれる」という体験は甘えにつながります。そして、いざ業績不振となったときには、金融機関としても安易に対応することができず、あっという間に資金繰りに窮するようになります。

まずは月次損益の把握から（試算表を毎月確認する）

経営改善を進めるに際しては、金融機関からの信頼に基づく同意が必要不可欠である以上、このような甘えの残る経営体制も改めていく必要があります。また、返済条件変更を要請する場合は、新規融資の調達をしなくても、資金繰りに困らないよう万全を期すことが求められます。

資金繰り改善のための第一歩は、毎月の損益状況を把握できる体制を構築することです。具体的には、毎月の試算表を作成し、社長さん自身がその状況を確認することです。最終的に試算表を作成するのは税理士事務所の仕事かもしれませんが、その前提となるのは事業者が仕訳を入力し、翌月には業績把握ができる体制を構築することです。

中小・零細企業では、税理士と話をするのは決算時のみで、月次の試算表を作成していないケースも散見されます。金融機関等から求められて、慌てて税理士に試算表作成を依頼するようなケースもありますが、本来、試算表は誰に言われなくても毎月作成するものであり、社長さん自身が毎月の損益状況から現状を把握し、今後の利益拡大のための経営判断に活かすためのものです。

とくに経営改善計画の策定および実行においては、試算表ができなければモニタリングを実施することができません。税理士への顧問料が多少値上がりしたとしても、モニタリングや経営判断のための根拠ができるメリットのほうが圧倒的に大きいのは間違いありません。このようなケースに該当する場合は、税理士との付き合い方を根本から見直さなければなりません。

入出金と残高を管理（資金繰り表を作成しメンテナンスを徹底する）

黒字倒産という言葉があるように、損益計算書では利益が出ているにもかかわらず、資金繰りが原因で事業継続が困難になることがあります。ましてや、経営改善が必要な赤字状態にあるときには、手元資金の推移に細心の注意を払わなければなりません。

そのためには、資金繰り表を作成して、手元資金がマイナスになって破綻することのないように管理を徹底することが求められます。資金繰り表は、今後6か月～1年先くらいまで、月次の入金予定・出金予定から手元資金がプラスになることを確認します。万が一、マイナスになる月があれば、金融機関や役員個人から借入をする必要があります。また、売掛金の回収が月末に集中する場合、月末時点では残高プラスであっても、例えば従業員の給与支払いのタイミングで、月中の手元資金残高がマイナスになることも想定されます。そのため、できれば日次の資金繰り管理表についても、２～３か月先まで作成しておくことが求められます。

このように、資金繰り表の作成によって、「いつ資金が不足するかを把握することで、そのタイミングまでにどのようにして資金調達を行うか」、「仮に資金調達が難しいようであれば遅らせることができる支払いはないか」といった具体策を検討するベースとなります。

極端に言えば、資金管理ができていない会社とは、金融機関から見て「いつ、どんな理由で潰れてもおかしくない会社」であり、長期にわたる経営改善計画を支援するに値しないと見なされても文句は言えないという事実を、社長さんにしっかりと認識していただく必要があります。

2　金融機関を徹底活用せよ！①新規融資・借換え融資

資金が必要であればまずは金融機関へ

資金繰り管理の徹底により、資金不足が生じることが判明した場合に、まずは金融機関からの資金調達ができないかを考えます。なお、ここでいう金融機関とは、銀行・信用金庫・信用組合・政府系金融機関を指します（いわゆるノンバンクについては別途解説します）。

いざというときの資金調達力を左右するのは、社長さんが金融機関とどのような付き合い方をしているかに大きく左右されます。私が活動している中でも、実際に「銀行嫌いの社長さん」は一定の割合で存在します。その理由を聞いてみると、それなりに「嫌な体験」をされた方が多いのですが、基本的には過去の話です。現在から未来にかけて、円滑に事業を運営していくためには、金融機関と良好なお付き合いをしておいて、少なくとも損をすることはありません。

金融機関とのお付き合いの基本は、「信頼関係」です。普段は何の音沙汰もないのに、資金が必要になったときだけお願いに来るような社長さんは、やはり信頼度は低くなってしまいます。決算書については毎期遅れずに提出する、試算表を毎月報告する、担当者や支店長との良好な人間関係を構築する等、普段からのお付き合いの仕方が重要です。良好な信頼関係を構築できていれば、いざ経営が苦しくなったときにも力になってくれる可能性は高まります。

融資審査の視点を踏まえる

金融機関に融資を申し込むと、決算書、直近の試算表、資金繰り表などの提出を求められます。金融機関としては、①損益状況・財務内容は健全か（損益計算書・貸借対照表）、②資金の使い道は何か（資金使途）、③返済の目途はどれくらい確実か（返済計画・資金繰り計画）などの観点で審査していきます。

まず、①損益状況・財務内容は健全か（損益計算書・貸借対照表）について、基本的に、儲かっている会社であれば、金融機関はとにかく前向きであり、とくに資金調達に困ることはないと思います。

問題になるのは、本業が儲かっていない・財務内容が厳しいというケースです。そのままでは、金融機関としても融資には慎重にならざるを得ませんので、「安心して貸せる＝きちんと返してもらえる」という根拠を示す必要があります。その根拠として最も有効なのが本書で解説している「経営改善計画」となります。経営改善計画策定の直接のきっかけが、「銀行からお金を借りようと思ったら、経営改善計画が必要と言われたから」という場合も多いものです。

②資金の使い道は何か（資金使途）について、「何となく５００万円貸してほしい」という理由でも借りることができると思われている社長さんも少なくありません。それこそ儲かっているときならそれでも貸してくれるかもしれませんが、業績が厳しくなってくればそのような甘えは許されません。

借りる前提として、本業を回すための運転資金なのか、それとも設備投資をするための設備資金なのか、何がきっかけでお金が足りず融資を申し込む動機となったのかを金融機関に明示しておく必要があります。例えば設備投資であれば、機械の見積書や設備投資計画（損益見通しを含む）などを基に説明することを推奨します。

③の返済計画については、資金繰り表を作成していれば、その延長線上で作成できます。もし、

経営改善計画を策定するのであれば、資料の中に金融機関への返済計画は盛り込む必要があります。事業活動から生み出されるキャッシュフローからどのように返済できるのか（設備投資資金や運転資金の場合）、どのタイミングの売掛金の回収で返済できるのか（つなぎ資金融資の場合）、在庫をどれくらい保有してどれくらい在庫を販売して返済に充てるのか（短期継続融資の場合）など、実情に合わせた計画を明示することで、金融機関としても安心して融資判断することができます。

借換え融資（巻き直し）について

「借換え」とは、既に借入があって返済を進めている場合に、新たに借入を行って現在の借入を一括返済することです。単純に同じ金額・同じ条件で借換えをしても何の効果も生みませんが、新たな借入の条件（借入金額・利率・返済期間等）によっては、手元の現金を増やしたり、月々の返済負担を軽減したり、かつて高金利時に組んだ借入の利息負担を軽減する等の効果を得ることができます。

ただし、当初融資残高のほとんどが残っているような状態では、借換えは困難と思われます。目安としては、同じ融資制度の借換えは、当初借入額の半額くらいの融資残になった時期から借換えが可能です。融資残高がほとんど残っている段階で無理に正式申込みをして、融資が否決された場合は、次の融資に悪影響があるため十分注意してください（融資の相談をすること自体は問題ありません）。

借換えを行う場合、既存の融資で返済が遅れていた事実がある場合などは、当然ながら新規借入が困難になったり、条件が悪くなったりします。借換え時の制約のある融資制度などもありますので注意が必要です。また、決算状況等で業績が悪化している場合は借換えができないことも想定されます。借換えを行う場合は、金融機関担当者としっかりとコミュニケーションをとったうえで、現状可能性がある手段を提案してもらってから検討することをおすすめします。

なお、既存借入と新規借入の金融機関が違う場合（新規の金融機関が取引先拡大のために提案してきた場合等）では注意が必要です。もし、「現在は業績好調でこちらが金融機関を選ぶ立場」であれば構いませんが、そうでない場合は既存の金融機関との信頼関係に関わります。たしかに資金調達の手段を確保するために、複数の金融機関とお付き合いすることには様々なメリットがありま す。しかし、タイミングを間違えると現在できていた資金調達が困難になる可能性もあります。金融機関とは「信頼関係」が前提となるお付き合いであることを忘れてはなりません。

3　金融機関を徹底活用せよ！②リスケジュール

窮余の資金繰り改善手段としてのリスケとは

リスケジュールとは、金融機関からの借入の条件を変更することです。英語の Reschedule（スケジュールを再度立て直すこと）からきており、一般的にはリスケという略称が使われています。

具体的には、毎月の返済金額を減らしてもらう、あるいは元本返済を一定期間猶予してもらう等の対応を金融機関に要請することです。私の場合、経営改善計画策定の約7割以上は、「新規のリスケ申込」あるいは「現在のリスケの更新（期間延長）」を金融支援として要請しています。

資金繰りが厳しく、業績が悪くて金融機関からの新規融資を得ることも難しいケースで使われる手段です。例えば、毎月100万円の元本返済をしている企業で、仮に1年間元本返済を猶予するリスケを申し込んで承認された場合、新規融資を受けることが不可能でも年間で1200万円のキャッシュフローを生み出すことができます。

このキャッシュがあれば、たちまち潰れることはなくなりますし、業績回復のための元手として使うこともできます。このように、リスケには金融機関への返済が楽になって、資金繰りが改善する効果を得られるメリットがあります。

リスケのデメリットとは

このように、業績悪化のため融資という手段が難しい企業にとって、事業継続のための窮余の策として有効なリスケですが、その一方でデメリットもあります。最も大きなデメリットとして、リスケを行っている間は、ほぼすべての取引金融機関からの新たな融資を受けることが極めて困難となることです。

第2章でも少し触れましたが、金融機関では、企業の財務状況、資金繰り、収益力等により、返済の能力を判定して、その状況等により債務者を正常先、要注意先、要管理先、破綻懸念先、実質破綻先及び破綻先に区分して管理をしています。この格付によって、お金を貸すか貸さないか、金利をどのレベルに設定するかを決めています。

格付に応じて、融資残高の一定割合を「貸倒引当金」という費用勘定で計上しています。きちんと条件どおりに返済が進んでいればほとんどの場合は「正常先」となり、引当金の繰入率も低く抑えられます。

しかし、リスケに対応して「要管理先」の不良債権とみなされると、この引当金の繰入率が一気に高くなります。つまり、金融機関としてはリスケに応じると、利息をはるかに上回る引当金を積まなければならないため、金融機関の決算書に損失を与えることになるのです。このため、要管理先に区分されてしまうと新規の融資は極端に困難になるのです。

リスケを極端に怖がる社長さん

以上のように、リスケをすれば目先の資金繰りは改善するものの、新たな融資が困難になるというリスクを考慮する必要があります。中小企業の社長さんの中には、この「新たな融資が受けられない」ということを極端に怖がる方もいらっしゃいます。「金融機関との約束を破るのは申し訳ないし、何があるかわからないので怖いし、何とか頑張って返済しながら立て直します」という想いは、人としては尊敬できます。しかし、責任ある会社経営者としては、必ずしもそうとは言えません。何より、会社が潰れてしまっては元も子もありません。

　そもそも融資を受けるのが困難になったことが、リスケを検討せざるをえなくなった原因だったはずであり、新規融資が難しくなるからといってリスケを怖がることに合理性はありません。また、新規融資が難しくなるのはあくまで「リスケをしている期間」であり、業績が回復してキャッシュフローを確保して返済が再開されれば、また融資を受けることができるようになります。

「リスケをしたら、取引先にも知られて信用不安が起こるのでは」ということを怖がる方もいらっしゃいますが、これも心配無用です。金融機関には守秘義務があり、仮に「あの会社はリスケをしてますよ」などという噂を流すようなことがあればそれこそ大問題です。企業信用調査でもリスケを行ったことを把握するのは不可能であり、社長さんや経理担当者などがうっかり口を滑らせてしまったような特殊な場合を除き、取引先等に広まることはありません。

　なお、リスケと延滞は全く異なることに留意が必要です。もともと決めていた返済日に、決まった金額が返済されない点では変わらないものの、リスケは金融機関の同意を得ていますが、延滞は同意なく遅れることを指します。リスケは「条件の変更」ですが、延滞は「約束破り」です。リスケをむやみに怖がって、結局延滞になってしまうようなことがあれば、誰もが不幸な結末につながってしまいます。

　私が普段からリスケの交渉支援を行っているということもありますが、リスケは特別悪いことではなく、窮余の際に社長さんに用意されている選択肢にすぎないと考えています。「借りたばかりで一度も返済がないままリスケになった」というような特殊なケースでは金融機関から嫌な顔をされることもありますが、それまで頑張って返済してきた社長さんがやむにやまれずリスケを申し込む場合に邪見に扱われることはほとんどありません。むしろ、「業績が厳しそうだったので大丈夫かなと思っていました」と、前向きに捉えていただけるケースの方が多いように思います。

複数の金融機関と取引している場合の留意点

複数の金融機関と取引をしている場合には、「公平性」に配慮する必要があります。一部の金融機関は約定どおり返済を続けて、残りの金融機関はリスケする…となれば、当然リスケする金融機関としては納得ができません。リスケを交渉する際には、「すべての金融機関に、同時期に、同条件で」が原則となります。

また、リスケ後の返済計画についても同様に公平性に配慮します。よくある事例として、「1年間は元本返済を猶予してください。1年後には、直近決算の簡易キャッシュフローの70%を返済原資として返済を行う予定です」という金融支援を行うケースを想定します。返済原資はこれによって自動的に決まりますが、それを各金融機関でどのように配分すれば公平なのか…という問題が残ります。

一定以上の返済原資がある場合、一般的には、「プロラタ返済」という方式が使われます。プロラタとは、「比例配分できる」という意味の言葉（Proratable）の略称であり、会社が複数の金融機関から借入をしている際に、各金融機関別の借入金残高に応じて比例的に返済額を決めて、返済することをいいます。なお、残念ながら直近決算で営業キャッシュフローが確保できなかった場合等では、例外的に「借入1口あたり1万円」などの方式を用いる場合もありますが、基本はプロラタ方式をおすすめします。

いずれにしても、返済計画については金融機関の意向を踏まえた事前交渉が必要なため、しっかりとコミュニケーションを取って決めていくことが肝要です。

リスケは経営改善計画とセットで

前述のとおり、リスケをむやみに怖がる必要はありませんが、かといって気楽に使えるものでもありません。「厳しい現状ではありますが、返済条件の緩和で資金繰りに余裕を持たせている間に、抜本的に業績を立て直して、元通り返済できるように頑張ります！」というストーリーと決意がなければ、金融機関としてもリスケに応じる理屈がありません。これはまさに、経営改善計画の趣旨に沿ったものです。

単純にリスケをすると、要管理先に格付されて金融機関としても多額の引当金を計上しなければなりませんが、経営改善計画を策定することで要注意先への格上げが可能となります。「リスケに応じることが企業の再建に役立つ」との確証を得ていただく観点からも、「金融機関の決算への悪影響を緩和するため」という事情に配慮する観点からも、「リスケするなら経営改善計画の提出とセットで」と要請されることは極めて合理的なことであり、企業側としても全力で対応する必要があることをご理解いただいてください。

リスケは資金繰りが厳しい企業の窮余の策として有効ですが、それ自体が目的化することがあってはなりません。金融機関にとっても企業にとっても望ましい「立て直しのための手段」との共通認識を形成する必要があります。

4　売掛金をコントロールせよ！

売掛金回収の重要性

資金繰りが厳しい会社の中には、「売上は決して不調ではないはずなのに、なぜか手元に現金が残らない」というケースがよくあります。

この原因の1つとして「売掛金回収がきちんとできていないこと」がよくあります。このような会社の社長さんの特徴として、売上をあげることには熱心であっても、売掛金の回収には熱心に取り組んでいないケースがほとんどです。たしかに決算書上は、商品を販売した時点で売上が計上されます。売掛金を回収してもしなくても、損益計算書上は何の影響も与えず、利益には無関係です。

しかし、いくら決算上の利益が上がっていても、売掛金を回収が疎かになれば、いつまでたっても現金が増えることはありません。支払期日が過ぎて入金がなくても督促連絡すらせず、いつしかそれが常態化してしまうこともあります。それでもいつかは払ってくれる…と信じていても、先方企業の資金繰り状況が逼迫しているため払えない場合も多く、最悪の場合は未回収となるリスクも増大します。

売掛金回収は「漏れなく、事務的に、淡々と」

売掛金回収は、わかりやすくいえば「支払いの遅れが発生した際に、きちんと督促をするかどうか」にかかっています。支払いの遅れの理由は、売掛先の単なる失念か、売掛先が資金繰り難に陥っているかのいずれかに該当します。

重要なポイントは、「1円でも1日でも遅れたら、必ず電話連絡を入れる」です。「すみません、まだご入金がなかったみたいなのですが、ご確認いただけますでしょうか。いつ頃になりますでしょうか」…簡単なことですが、これを徹底するだけで「遅れたらきっちり督促が来る会社」として認識してもらえます。逆に、この簡単なことすら徹底できなければ、「あの会社は困っていないから、多少遅れても大丈夫」という甘えを生じさせてしまいます。

この簡単な業務を徹底させるためには、完全に事務マニュアル化して、経理担当者が淡々と業務をこなせる仕組みを構築するのが最も確実です。

売掛金が発生したら売掛金管理表に記入する、期日がきたら入金を確認して消込をする、入金を確認できなければ電話をして督促をして期日を再設定する、再設定した期日にも入金がなければ社長さんが動く…といった流れを明文化して守らせれば、いちいち考えなくても「きっちり督促が来る会社」として機能することができます。

買掛金・未払金の支払コントロールの重要性（ギリギリの選択の場合）

逆に、買掛金や未払金の支払いについても、きっちりと管理できる体制を構築しておくことが必要です。当たり前ですが、支払期日が過ぎても支払わないことがあると「いい加減な会社」と認識されて、得することは何もありません。

しかしながら、金融機関からの借入も困難、役員の個人資金も限界、資金調達の手段はすべて検討したがこれ以上はどうしようもない…というケースで、ギリギリの選択を迫られるケースも存在します。買掛金の支払いを待ってもらうことは、取引先から「あの会社、大丈夫？」と心配される信用不安を与えることになります。場合によっては、仕入ができなくなるリスクも考えておかなければなりません。

そのギリギリの選択をするときに考慮すべき考え方として、まず「支払いを遅らせる会社の数をなるべく少なくする」ということです。10社×10万円の支払いを待ってもらうのであれば、1社×100万円の支払いを待ってもらうことを優先します。支払いを待ってもらう会社数を減らすことで、地域内や業界内でよからぬ噂が広まるリスクを抑えることができます。

次いで、「商売に必要不可欠な取引先かどうか」という観点です。例えば、料理飲食店で看板メニューの食材や酒類などの仕入先との信頼関係が崩れると、商売の足元がすぐに揺らいでしまいます。このように、特に重要な取引先については極力影響が及ばないように配慮します。また、「売掛金回収のための督促をきちんと行っている会社」についてはなるべく優先的に支払うようにします（先ほど「売掛金回収の重要性」で触れた内容の裏返しになります）。

5　売れるものは何でも売れ！　頼めるところには頼め！

プライドよりも現金が大事

業績が悪く新たな融資を受けることは難しい、個人資金の投入も限界、既にリスケは申し込んでいて返済負担は軽減している、売掛金は一生懸命回収して、待ってもらえる買掛金や未払金はギリギリまで待ってもらっている、削れるコストは削っているが、それでもなお資金繰りが厳しいというケースもあります。どんなに厳しい状況にあっても、会社経営の血流である現金がなければ、経営を継続することはできません。どんなに業績回復のための戦略を練ったところで、目先の現金がなければすべては水泡に帰してしまいます。

社長さん自身の事業継続の意志があるのであれば、一時のプライドなどかなぐり捨てて、何が何でも現金を確保する必要があります。ここでは、そんなギリギリの場面でも現金を確保して、事業を継続させた実例を基にいくつかの手段をご紹介させていただきます。ただし、窮余の手段である以上、副作用やデメリットについてもしっかりと留意しておく必要があります。

在庫品を売りさばいて現金化する

資金繰りが厳しくなる要因の1つとして、「売れ残りの在庫が倉庫に溜まっている」というケースがあります。

過大な在庫は、仕入や製造した時点で見込んでいた売上をあげられなかったことが原因で発生します。賞味期限がある食料品ではもちろんですが、それ以外の腐らない在庫であったとしても、基本的には売れない期間が長くなるほど、陳腐化していきます。ただ倉庫に溜まっていくだけなら損にも得にもならないかもしれませんが、実際には倉庫代や管理費などの保管費用がかかり続けます。

売れない在庫を今のまま抱えていても、何1つメリットはありません。いつかは売れるかも…という甘い期待は実現することなく、むしろどんどん売れにくくなります。

百害あって一利なしの売れない在庫ですが、これを処分しようとすると、基本的には「極端に安い価格で販売する」か「廃棄する」しか手段がありません。しかし、店頭で極端に安い価格で販売すると、安売りのイメージがついてしまい、本来の利益があがる商品が売れづらくなるというデメリットがあります。また、廃棄するとなればその時点で隠れていた赤字が表面化することになります。売上を読み間違えたというミスが確定し、社長さんのプライドが傷つくことを気にされるケースもあります。

過去に実際にあった事例で、婦人服を取り扱うアパレルショップがありました。一見すると貸借対照表はそれほど毀損していないように見えましたが、在庫実態を調べると何年も前に仕入れた在庫が倉庫に山積みになっている実態が判明しました。もちろん、衣服として着用することはできるのですが、完全に流行遅れで、とても店頭販売ができる代物ではありません。このお店は、地元では「高級ブティック」として認知されていたこともあり、在庫処分で極端な投げ売りをすることへの抵抗感もリスクもありました。

そこで私が提案したのが、「ネットオークションを使って現金化する」という手法でした。仕入価格を下回る価格で落札されたものがほとんどでしたが、それでもほぼ無価値と思われたモノを活用して現金を確保できたことで、他の店頭で売れる商品の仕入の足しにすることができました。地元の既存のお客様に知られるリスクはほぼゼロであり、実際に店頭販売への悪影響は生じませんでした。

この企業では、これをきっかけに、「売れるものだけを仕入れる」→「売れ残ったらシーズン終了前にバーゲンセールで店頭販売する」→「それでも売れ残ったら1年間だけ保管して、翌シーズン直前にネットオークションですべて処分する」というルールを確立しました。損切りの期限を定めることで、仕入の責任感が高まるとともに、1年を超えて在庫滞留しないことで資金繰り悪化を抑制する効果がありました。

なお、棚卸資産として計上している在庫品を安値で処分した場合、損失として決算書上も表面化します。これによる金融機関との取引関係への悪影響を心配される社長さんもいらっしゃいます。本来、在庫処分は財務内容をより実態に即したものに近づけて、今ある資産を最大限有効活用する前向きな取組みです。既に金融機関でもある程度、過大な在庫に対し、それを資産価値のないものとみなし差し引いて貸借対照表を評価していることもありますし、実質的な影響は軽微であると考えられます。

経営改善計画を機に、過去から溜まり続けた在庫処分を一度に行う場合などは、顧問税理士と相談のうえ「特別損失」として営業利益・経常利益に影響を及ぼさずに処理することも可能です。金融機関に対して事前に説明のうえで行う在庫処分は「よい取組み」として前向きに評価されるものと考えて間違いありません。在庫処分による現金確保については、特にデメリットはないものとして積極的に取り組んでください。

法人加入の生命保険を活用する

中小企業の社長さんの中には、法人を契約者として生命保険契約を締結しているケースがかなりあります。過去に「死亡保障を確保しつつ、節税メリットを得ながら、役員退職金積み立てをしましょう」というセールストークで契約したものの、赤字続きで節税メリットはないし、そもそも役員退職金をもらえるときまで会社が存続できるかが不透明な経営危機に陥っている…という場合もあります。このような保険に、今から加入するのであればかなり慎重に考えざるを得ませんが、過去に既に加入したものがあるときには、窮余の資金調達手段として活用できます。

まず、単純に解約した場合、解約返戻金が戻ってきます。解約返戻金の額は、生命保険会社に問合せをすればすぐに回答をいただけます。しかし、一旦解約してしまうと死亡保障もなくなってしまいますし、仮に将来業績改善したとしても、年齢や健康状態によっては新規に再度契約することが難しい場合もあると思います。社長さんに万が一のことがあっても、会社に保険金が入るという安心感は、ご家族や従業員だけでなく、金融機関にとっても同様であることも多いものです。

そこで、死亡保障は残しながら生命保険を使って資金調達をする手段として、「契約者貸付制度」の利用が有効です。この制度の利用により、生命保険契約は維持したまま、契約条件等によっても異なりますが、概ね解約返戻金相当額の7～9割の範囲で借り入れを行うことができます。

上限額の範囲内であれば、何度でも借り入れが可能で、利用目的も問われず、保証人も不要です。保険の契約期間が終了するときまでに返済を完了していればよいため、「元金と利息を希望日に一括で返済」、「定期的に元金と利息を返済する」、「当面の間は、利息分のみ返済していく」、「一部返済を不定期に分けて行う」といった返済方法を選ぶことができます。

借入金には利息が複利でかかる、元利金が解約返戻金を超えると保険が失効する等の留意点もありますが、借入も返済も自由度が高く、いざというときに確実に資金調達できる手段として知っておいて損はありません。このようにすでに加入している契約は資金調達の一助として最大限活用しましょう。

ノンバンクから資金調達する

ノンバンクとは、銀行や信用金庫以外の金融機関で、銀行とは違って預金業務を行わず、もっぱら融資のみを行っている貸金業者のことです。消費者金融・事業者金融会社・信販会社・不動産金融専門会社・リース会社などが該当します。名称や特徴はそれぞれ異なるものの、ノンバンクは貸金業法に基づいて営業を行っているれっきとした金融機関です（ただし、本書においては銀行・信用金庫・信用組合等を金融機関と呼称し、ノンバンクとは分けて記述しています）。

なお、貸金業法による登録を受けていない業者は、ほぼ間違いなく悪徳闇金ですので、絶対に利用してはいけません。

ノンバンクのメリットとしては、まず審査のハードルが比較的低いことが挙げられます。赤字経営や税金未納があったとしても、返済確度が高いと判断される状況においては融資してくれるかもしれません。さらに、融資が実行されるまでの期間が短く、緊急的な資金確保に柔軟に対応することができます。金額によっては、担保や保証人なしでも貸してもらえる可能性もあります。

その一方で、デメリットも多くあります。最大のデメリットは、金利がとにかく高いことです。金利年率10％を超える商品もざらにあり、返済期間が長引けば長引くほど、返済負担が大きくなります。10％を超える金利の融資を受けながら事業継続するためには、相当に高い営業利益率でビジネスをまわしていく必要があります。ただでさえ、経営が厳しい状況にあるにもかかわらず、10％を超える利率の融資が常態化すると、よほどの奇跡が起きない限り潰れてしまう可能性が極めて高くなります。

また、銀行・信用金庫等の一般の金融機関の担当者から見ると、ノンバンクを使わざるを得ないほど切羽詰まっているのであれば、いよいよ危険度が増したと判断されるリスクがある点に注意が必要です。ノンバンクが小回りの利く資金調達手段であることは事実であり、他の手段がない中で「緊急時の資金繰り」や「短期的な資金調達」としてやむを得ず利用することを否定するものではありません。

しかし、少なくとも「決算をまたがない」ように注意すべきです。ノンバンクの融資残高が残ったまま決算をまたいでしまうと、決算書の勘定科目内訳明細書にノンバンク利用の証跡がはっきりと記載されてしまいます。一旦記載されてしまうと二度と消すことはできず、今後数年間は「ノンバンクを使わざるをえなかった会社」としてのレッテルから逃れられません。

ノンバンクの借入残高は、決算の前に、個人資金や親族等からの借入等のありとあらゆる手段を使って、完全にゼロにしておくことをおすすめします。

税金や社会保険料の支払時期を交渉する

当たり前のことですが、税金を納付するのは国民の義務です。消費税、源泉所得税、社会保険料などは、「会社が後日支払うまで一時的に預かっているもの」であり、預かった資金を運転資金等で流用してしまうことは本来あってはならないことです。しかし、金融機関からの融資を受けることもできず、資金繰りに窮した会社の中には、税金や社会保険料等をやむなく流用してしまっているケースが少なくありません。

延滞すると高額な延滞金（延滞税）がかかるだけでなく、そのまま放置していると税務署や年金事務所等から容赦のない差し押さえがやってきます。税金や社会保険料等は国民の義務であることは重々承知だが、資金繰りが厳しくどうしても支払えないという場合でも、黙ったまま払わない（延滞する）のは最悪の手段です。この場合は、早めに相談して個別交渉しなければなりません。

税金については、税務署にて「換価の猶予」、「納税の猶予」という制度がありますので、その制度を使って分割支払いができないか交渉を行います。社会保険料の滞納分については、同様に年金事務所にて分割払いの交渉を行います。

労働保険料については労働局、住民税については市役所等の担当窓口がありますが、いずれの場合も、申し込んだだけで誰でも認めてもらえるような甘いものではありません。支払えなくなった理由を説明し、どのように支払っていくか、資金繰り表などを基に説明する必要があります。

とはいえ猶予の制度が存在するのは紛れもない事実であり、分割払いの交渉をして何とか分割払いを認めてもらえるよう交渉することは、緊急事態における資金繰り対策の窮余の手段としては適正な部類に入ると考えます。

しかし、これが常態化するようだと最終的に会社存続が危ぶまれる事態となりますので、なるべく早期に解消を図る必要があります。

売掛債権をもとに資金調達する（ファクタリング）

ファクタリングとは、簡単に説明すれば、売掛債権（売掛金、受取手形など）を売却し、現金化することです。平時であっても、売掛債権は早く現金化するに越したことはありませんから、売却によってキャッシュに余裕を持たせるのは合理的な手法といえます。また、売掛債権を担保として金融機関から融資を受けるときに信用保証協会が保証する売掛債権担保融資保証制度という制度もあります。

銀行融資やビジネスローンの場合は、借りる企業の返済能力が審査されるため、業績の悪い中小企業、零細企業は審査に通ることが厳しくなりますが、売掛債権をもとに資金調達をする場合に審査されるのは「売掛先（顧客企業）の信用力」です。利用する側の中小企業の業績が悪くても、信用力が低くても、ほとんど関係なく資金調達が可能となるメリットがあります。

ただし、ファクタリングを行う場合は、その旨を売掛先に伝えなければならないことが問題となります。中小企業庁のホームページでは、「売掛債権の利用について、売掛先（取引先）等から資金繰りが厳しいのかと言われ、利用により風評被害が発生することが心配との声があります。売掛債権の利用促進は国の施策であり、利用促進にご協力ください」との記述があります。これは裏を返せば、売掛債権をもとに中小企業が資金調達を行うことで、風評被害が生じうるという実態を表していると考えられます。

売掛先に知られないように、調達したい会社とファクタリング会社だけの間で行う「二者間ファクタリング」という手法もありますが、ノンバンクのビジネスローンをはるかに上回る「手数料（利息ではない）」が取られる極めて高コストな資金調達手段であり、常態化すれば確実に経営破綻に向かいます。

売掛金を基にした資金調達は、理念としてはまっとうな手法ではあるものの、現状の実態としてはよほどの緊急事態での窮余の手段と言わざるを得ません。

知人・親族・取引先から借りる

金融機関からの融資が難しい場合で、知人・親族からお金を借りるケースはよくあります。業績を改善させる大義の前に、社長さん個人の目先のプライドは捨てて、純粋にお願いするものです。「今、本当に困っている！　必ず返すから俺を信用してくれ！」というお願いに応じていただくためには、普段からの信頼関係が物を言います。

信頼関係ができている経営者同士であれば、「お互いに困ったときには助け合い」の精神で応じてもらえることも多くあります。しかし、当然のことながら応じてもらえないこともあり、信用不安が広まってしまうリスクもゼロではありません。

万が一にも返せないような事態になれば、経営者としての信頼だけでなく、人間としての信頼も一生分失ってしまいます。きちんとした返済の時期と根拠を示し、誠意を尽くしてお願いすることが大前提となります。

6　資金繰りが改善しても、何も解決していないことを心得よ！

資金繰り自体は「付加価値ゼロ」の業務

資金繰りに窮してくると、社長さんは現預金残高とにらめっこしながら、「どこからいつ資金調達して」、「どこにいつ支払うか」ということで頭がいっぱいになります。かなり神経を使う業務ですし、一歩間違うと会社の存続に関わることから、社長さんにかかるプレッシャーは相当なものとなります。

金融機関からの融資やリスケ、その他の手段を使って資金繰りがひと段落すると、このプレッシャーから一時的に解放されます。それだけで達成感を得てほっとしてしまう社長さんのお気持ちもわからないわけではありません。

しかし、資金繰りはあくまで貸借対照表上の問題であり、いくら資金繰り改善をしても損益計算書がプラスになる効果はありません。最低限守るべき支払いの約束を果たすことにはつながりますが、それが新規のお客様が増えるわけでも、顧客満足度が高まるわけでも、コストが下がるわけでもありません。一言で言えば「付加価値ゼロ」の業務であり、業績不振の企業を延命させる効果はありますが、根本的には「本業で利益をあげる体制」にならないかぎり、長い目で見ればいつかは立ち行かなくなります。

「応急処置」のあとはすぐに「根本治療」を！

業績不振で資金繰りに窮している企業を人間のカラダに例えると、「ケガや病気で出血が止まらない救急患者」です。救急患者に対しては、まずは「延命すること（命をつなぐこと）」が最優先であり、止血などの応急処置を行います。

しかし、いくら止血で延命しても、それだけでケガや病気が治るわけではありません。あくまで最終的には元の健康体に戻ることが目的であり、そのためには手術や投薬等の治療が必要です。手術をするにしても、その痛みに耐えられなければなりませんので、適切な量で麻酔をかけます。適切な応急処置で命をつなぎ、適切な麻酔で手術に耐えられる状態をつくったうえで、根本的な手術や治療を施して健康体に近づけていきます。

これと同じように、業績不振の会社がリスケなどで資金繰りを一時的に改善するのは、まずは事業運営に必要な運転資金を確保して事業の命脈をつなぐためであり、その後の根本的な経営改善に耐えられるだけの資金的余力を確保することが目的です。

短期的な資金確保で命脈をつないでも、根本的に赤字態勢が治らなければ、せっかく確保した資金もあっという間に底をついてしまいます。

これは至極当たり前のことのように感じるかもしれませんが、実際には我々支援者側が強く働きかけないと、ついつい「不健康な日常」に戻ってしまうことが多くあります。

短期的な資金確保で余力ができたら、その瞬間がスタートラインであることを十分にご理解いただき、すぐに経営改善のための具体的な行動を開始していただくよう、社長さんを動機づけることが肝要です。

「応急処置」のあとは一層の「資金繰り管理の厳格化」を！

資金繰り対策の応急処置によって、一時的に資金繰りのプレッシャーから解放されます。この瞬間、気が緩んで資金繰り管理がルーズになる傾向があることに注意が必要です。

資金繰りに窮する事態に陥る社長さんは、もともと資金繰り管理が苦手な場合が多いものです。一時しのぎの手段であっても、とりあえず目先の現金がまわるようになると、元の状態に戻ってしまうのは自然な流れです。

しかし、この時点で資金繰りのための窮余の手段を使ってしまっており、その手段によっては副作用が生じることがあります。万が一、ここからさらに資金繰りに窮する事態に陥った場合、対策としてできることの選択肢は狭まっており、以前よりも状況が厳しくなっていることは間違いありません。

このような事態に陥ることのないよう、我々支援者としてはこれまで以上に資金繰り管理を徹底させるよう働きかけなければなりません。資金繰り管理は、経営が厳しいときはもちろん、経営改善を達成できたとしても、その後ずっと必要となる「経営者としての基本行動」として習慣化させることが求められます。

第4章　自然とお金が残り続ける体質へ！「利益改善」のアドバイス

1　売上拡大だけでは会社は救われない!?

売上至上主義の弊害

中小企業の社長さんに対して「今、何が御社の課題ですか」と質問をすると、昨今ではかなりの確率で、「採用難で人手が不足している」あるいは「もっと売上を増やしたい」のいずれかの答えが返ってきます。人手不足対策も、より多くの注文に対応するためという側面がありますから、基本的な考え方として「売上規模を拡大しさえすれば会社はよくなる」という認識を持たれている方の数はかなりの数にのぼります。

しかし、経営改善の場面においては、この考え方はある意味リスクを伴うものであると考えます。まず、売上拡大は自社の営業努力がベースではあるものの、最終的には「あくまでお客様ありき」です。アクションプランを遂行することは１００％約束することができたとしても、そのことによっていくら売上が上がるのかは最終的にお客様次第であり、どこまでいっても不確定要素が含まれます。金融機関サイドからみても、売上拡大中心の改善計画書は、実現可能性という観点でシビアに見られる傾向があります。

また、売上拡大には一定程度の「先行投資」が必要となります。もし本当に、まったくお金をかけることなく、新規のお客様が増えたり、注文が取れたりすることが可能なのであれば、それ以前の営業努力が足りなかったことになります。もちろん、今まで以上に努力する、あるいはやり方を改善することで売上が拡大するという可能性はあります。しかし、少なくとも第三者から見たときに、「抜本的に売上が伸びる見込みである」と納得できる合理的な根拠にはなりにくいものと考えます。

最も重要なことは、売上が上がったからといって、利益が上がるとは限らないことです。売上拡大を求めるあまりに、粗利益率の低い売上の比率が高くなった結果、本業が傾いて経営改善が必要になったというケースは数多くあります。

「少しでも粗利益が稼げるのであれば、ゼロよりはなんぼかでも売上になるほうがよい」という考え方も間違いではありません。しかし、粗利益率が低い売上の比率が高まれば、その分だけ、社長さんが思っている以上に金銭的あるいは時間的なコストを消費します。明らかに判別できる粗利益だけを見ればプラスかもしれませんが、販売員等の時間的コストや輸送費、通信費、諸々を勘案するとマイナスになる可能性もあります。また、低収益の売上のために生産や販売のリソースを使ってしまうと、高収益の売上を確保できる余力が失われてしまいます。

体質改善してから売上規模拡大を図る

売上高は、中小企業の社長さんにとって、最もタイムリーにわかりやすく把握できる経営指標であり、そこに目を奪われてしまいがちになることはやむを得ないことです。経営がある程度順調に推移しているのであれば、売上高だけを追いかけてもそれほど困ることはありません。

しかし、業績不振で資金繰りに窮している状況から経営改善を図る場合、重視すべきはキャッシュフローであり、その源泉となる利益です。

利益率が低い会社は、例えるならば「燃費の悪い旧型車」です。目的地までたどり着くためには、たくさんのガソリンと時間を必要とします。乗り心地も悪く、ガタガタと振動しながら、道を進んでいきますので、途中の道のりも落ち着かない状態を強いられます。途中で事故に遭うリスクも高まりますし、ガス欠になれば目的地にたどり着くことはできません。

これに対し、体質改善が進んで利益率が高い会社は、「高燃費のハイブリッド新型車」です。目的地には少ないガソリンと時間で到達できます。乗り心地もよく、スイスイと気持ちよく走ることができます。事故に遭うリスクやガス欠になるリスクも低く、無事に目的地に到達できる可能性は高まります。

どちらの車に乗っても、最終的に目的地に到達できれば問題ありません。しかし、いきなり走り始める前に、すぐに走り出せる「燃費の悪い旧型車」を選ぶか、少し時間がかかっても「高燃費のハイブリッド新型車」を選ぶかを選択することができます。

利益率を高めて、お金が残りやすい体質改善を図ったうえで、売上拡大に向けてアクセルを踏み込むことで、より確実に、効率よく、快適かつ安全に、目的である経営改善目標を達成することができます。

損益計算書は下からチェックする

一般的に、損益計算書は上から、売上高↓売上原価↓（売上高総利益）↓販管費↓（営業利益）という順で見られると思います。これに対し、経営改善計画策定の中で、体質改善、つまり営業利益が上がりやすい体質づくりに取り組む際には、販管費↓売上原価↓売上高の順に、損益計算書を下からチェックしていくと効率的かつ効果的に進めることができます。

まず、経営改善計画策定において重要な位置を占める販管費をチェックしていきます。販管費がなぜ重要かというと、「コストを削減したら削減した分だけ、同額の利益拡大につながるため」です。

例えば改善取組み前の利益率が5％の会社の場合、売上高を１００万円増収させても5万円の利益改善にしかつながりません。

もしも同じ会社で１００万円の販管費抑制ができたとしたら、１００万円の利益改善につながります。社長さんの頭の中では同じ１００万円という金額であっても、その利益に影響する重みは20倍違います。言い方を変えれば、１００万円の販管費抑制の取組みは、２０００万円の売上アップの取組みと同じなのです。「１００万円の販管費抑制の取組みと、２０００万円の売上アップの取組み、果たしてどちらが取組みやすく、達成可能性が高いでしょうか」という質問を社長さんに投げかけることで、販管費抑制の重要性をご理解いただけやすくなると思います。

次に、売上原価を見ていきます。製造業の例でいえば、原材料費・労務費・外注加工費・その他経費の内訳費目ごとに無駄がないかをチェックしていきます。多くの場合、売上原価は、変動費（売上が上がれば増える経費）と固定費（売上が上がっても一定の経費）に分かれます。このうち固定費については、販管費と同じ目線で、「削減額＝利益増加額」という観点で、抑制できるものがないかを重点的に見ていきます。

金額で見ていく固定費に対して、変動費についてはパーセント、つまり「売上高との比率」という効率性の観点を重視します。同じ注文に対して、より少人数で、より安コストで、より短時間で対応することができれば、その分だけ利益が残りやすい体質になることができます。なお、売上原価はその企業の付加価値の創出に直接関わっているため、販管費と比較してより慎重に進める必要があります。効率性を追求するあまりに、品質の高さを始めとするその企業のかけがえのない強みを失ってしまっては元も子もありません。

最後にチェックするのが売上高です。コンサルティングの世界では、売上高＝顧客数×購買単価×購買頻度という方程式がよく使われますが、体質改善を行う際にはとくに「購買単価」や「商品別・顧客別等のカテゴリごとの売上高」が重要になります。売上高は、それだけでは「単なる規模の大小」に過ぎませんが、粗利益率と組み合わせて、「利益率の高い売上が増えているか」をチェックすることで、儲かりやすい体質づくりに役立てることができます。

このように、体質改善のために損益計算書をチェックするには、優先順位は販管費→売上原価→売上高の順で見ていきますが、これは「利益へのインパクトの大きさ」の順であると同時に、「取組み実行の確実性」の順でもあります。

【図表６　損益計算書をチェックするときの優先順位】

効率的かつ効果的な体質改善の進め方

		3期前	2期前	前期
売上高		○○○円	○○○円	○○○円
売上原価		○○○円	○○○円	○○○円
	仕入高	○○○円	○○○円	○○○円
	外注加工費	○○○円	○○○円	○○○円
	労務費	○○○円	○○○円	○○○円
	その他経費	○○○円	○○○円	○○○円
売上総利益		○○○円	○○○円	○○○円
販管費及び一般管理費		○○○円	○○○円	○○○円
	役員報酬	○○○円	○○○円	○○○円
	給与手当	○○○円	○○○円	○○○円
	地代家賃	○○○円	○○○円	○○○円
	原価償却費	○○○円	○○○円	○○○円
	広告宣伝費	○○○円	○○○円	○○○円
	雑費	○○○円	○○○円	○○○円
	…	○○○円	○○○円	○○○円
営業利益		○○○円	○○○円	○○○円

STEP 3（売上高）
STEP 2（売上原価）
STEP 1（販管費及び一般管理費）

利益へのインパクトが大きくて
確実に取り組めるところから
優先的にチェックしましょう！
なるほどー

前述のとおり、売上はあくまで「お客様ありき」ですから、確実性は比較的低くなります。売上原価には、自社で取り組めることもありますが、外注先や品質への期待度等の社外の要素も含まれています。販管費については、基本的に自社が取り組もうと決めさえすれば、確実に実行して効果をあげることができます。効果が大きく、確実に効果を出せるところから優先的にチェックを進めていくことで、効率的かつ効果的に体質改善を図ることができます。

2 管理会計を経営判断に活用せよ！

課題を明らかにして意思決定につなげる管理会計

企業会計は、その目的に応じて「財務会計」と「管理会計」という2つに区分することができます。まず「財務会計」とは、企業外部の利害関係者に、企業の財務状態や経営成績などに関する経済的情報を提供するためのもので、わかりやすく言えば決算書をつくるための会計です。

これに対して「管理会計」とは、主として企業の内部において、企業自身の情報を分析活用する目的で行われるものです。具体的には、社内において各業務プロセスからデータを集計・加工し、直接費や間接費の原価分析、収益性分析のレポートを作成し、それを基に現状把握や経営判断に活かしていきます。例えば、月次売上金額、部門別損益、商品の損益分岐点など、社内で使用される数字はすべて管理会計に含まれます。とくに法的なルールはなく、レポートの形式などについても制限はありません。

管理会計のメリットとしては、「数値に基づく意思決定ができるようになること」と「数値に基づく業績評価」などの経営者側のメリットが挙げられますが、管理職や現場レベルに経営者感覚を身につけてもらいやすくなることも利点となります。一般的な会計ソフトにも、財務会計をすることで管理会計に反映させる機能がついています。少なくとも使って損になることはありませんので、具体的には税理士事務所と相談のうえで進めていただくよう推奨します。

「部門別会計」でセグメントごとの収益性を把握する

経営改善における基礎データは、まずは決算書になります。ただし、決算書は全体の合計しか表示されません。１つの事業所で１つの事業しか行っていない小規模事業者であれば、この決算書を見るだけで充分です。しかし、多角化で複数の事業を運営している、あるいは多店舗展開で複数の事業所がある場合などでは、現状分析や課題の抽出、計画策定において十分な精査ができないケースがあります。

例えば、麺を製造してスーパーマーケットに卸している食料品加工会社が、自社の麺を使ったラーメン店も運営している場合、この会社には「製造業」と、「料理飲食店」という２つの側面があります。製造業の顧客は小売店等の事業者ですが、料理飲食店の顧客は地元住民であり、ターゲット顧客もビジネスモデルも利益の構造もまったく異なります。この２つの異なる事業がまとめて合算されてしまう決算書では、不振原因の核心に迫る分析はできません。

また、営業エリアや取扱商品が異なる5店舗を経営している小売業の場合、業績不振になったとしてもすべての店舗が同時並行的に不振になるわけではなく、特定の店舗が大きく足を引っ張っている可能性があります。しかし、5店舗がまとめて合算されてしまう決算書では、どの店舗が不振なのかということすら把握することができません。

このようなケースで活用したいのが、管理会計の手法の1つである「部門別会計」です。部門別会計とは、1つの企業が複数の事業や店舗を運営している場合に、それぞれの事業別・店舗別に損益を算出する会計手法です。

第2章でもお伝えしましたが、経営改善計画策定においては「事業分析」と「財務分析」を組み合わせて現状分析や課題抽出を行います。事業内容が異なれば、照らし合わせる財務内容もそれに応じたものでなければ意味がありません。1つの会社で2つの事業を運営している場合は、「2つの会社を分析する」のと同じレベルで実施します。また、計画策定後のモニタリングについても、全体の結果はもちろん、事業別・店舗別の業績を把握してこそ意味があります。

複数事業あるいは複数店舗を運営している会社の経営改善計画策定支援を行う場合は、部門別会計は必須です。もしも現時点で部門別会計を導入していないようであれば、社長さんと経理担当者と顧問税理士を説得して何が何でも導入していただきます。この場合は、「部門別会計を導入する」こと自体を、アクションプランとして織り込みます（今から部門別会計を新規で導入しても、その結果を確認できるのは1年後の決算以降となります）。

不採算部門・不採算事業を冷静に見極めよ

部門別会計によって、事業別や店舗別に収益状況を分析していくと、どう考えても収益が取れていない不採算事業・不採算部門の存在が明らかになることがあります。現時点で不採算であったとしても、しっかりと戦略を練って対策を打つことで改善できる可能性はあります。

しかし、万策を尽くしたとしても、将来的に収益改善できる見通しが立たない（可能性が低い）場合には、「撤退」が最も合理的な選択肢となります。不採算セグメントから撤退する決断ができれば、そのセグメントで生じている赤字額はゼロになりますので、その分だけ確実に利益改善効果を得ることができます。

もっとも、明らかに撤退することが合理的な判断と考えられる場合でも、社長さんがなかなか決断できないことがあります。赤字を解消できずに撤退するとなれば、その事業を始めたときの苦労や、今まで投じてきた費用や時間はすべて無駄になります。撤退の決断ができない理由は、「あの苦労やお金を無駄にしたくない」、「ここまで頑張ってきたのに諦めるわけにはいかない」、「せめてマイナスだけでも回収したい」という社長さんの心の叫びです。

ここで考慮すべきなのが、サンクコスト（埋没費用）という概念です。サンクコストとは、事業や行為に投下した資金・労力のうち、事業や行為の撤退・縮小・中止をしても戻って来ない資金や労力のことを指します。既に過去に投入して戻ってこない費用を「もったいない」と思うあまりに、「損する可能性が高くても後には引けない」と合理的ではない判断に陥る心理現象を、サンクコスト効果（行動心理学ではコンコルド効果）と呼びます。学問的に定義づけられるということは、我々を含めて誰もがこの心理現象に陥る可能性があるということであり、社長さんが判断を誤りがちになるのはある意味当然のことと言えます。

判断を誤ったとしても、全体として吸収できる程度であれば、目くじらを立てる必要はないかもしれません。しかし、業績不振で資金繰り難に陥り、事業の存続にかかわるような重大場面においては、この誤りは致命傷になります。我々支援者は、ある意味では冷静な第三者であるからこそ、社長さんが判断を誤らないよう適正なアドバイスを提供することが期待されています。

支援者の基本スタンスとして、「過去の経緯は考慮しない」、「現時点からゼロベースで考える」、「現在から未来にかけて最も合理的な判断を促す」という信念をもって社長さんと対峙する必要があります。具体的には、部門別会計を活用した「財務分析」と「事業分析」をもとに今後の見通しを説明し、「もしも過去の話はなかったことにしたら、今から新たにこの事業を始めようと思いますか」という質問を投げかけるのが有効な対策となります。

社長さんの心情には理解を示しつつ、撤退が最も合理的な経営判断であることを、誠意をもって丁寧に説明していきます。最初は強い抵抗をしていた社長さんが最終的には、「実は薄々自分でも間違っていることには気づいていましたが、今回、はっきりと助言していただいて決心がつきました。ありがとうございます」と感謝されることも多くあります。

3　販管費の抑制は聖域なき戦い①人件費（製造原価の労務費を含む）

役員報酬は個人所得との兼ね合いで検討

経営改善計画において、真っ先にやり玉にあげられるのが役員報酬です。金融支援でリスケを要請する場合などでは、「経営責任を明確化するため」という観点もあって、場合によっては金融機関から役員報酬の削減をアクションプランに盛り込むよう依頼があることもあります。たしかに経営が厳しいから金融機関に協力をお願いしておきながら、役員個人としては多額の役員報酬をもらい続けているとなれば、金融機関としても経営改善にかける本気度を疑いたくなってしまうのも無理はありません。

役員報酬の削減を提案すると、当然のことながら社長さんからはネガティブにとらえられると思います。しかし、多くの中小企業の場合、経営改善の一環として役員報酬削減を実施しても、社長さん個人の手取り収入としてはあまりマイナスにならない、場合によっては得をすることもあります。

例えば、65歳以上の社長さんで高額の役員報酬をもらっている場合は、個人として所得税や社会保険料がかかります（社会保険料は会社にも負担がかかります）。さらに、同世代の人たちが当たり前のようにもらっている年金を、高額報酬であるがゆえに、全額または一部が受け取れないということもあります。

役員報酬を削減することによって、今までもらえていなかった年金が受け取れるようになれば、その分だけ個人の手取りはプラスになります。もし社長さんが後期高齢者であれば医療費の窓口負担が3割から1割に軽減できる、働き盛りの世代であれば児童手当や就学支援金などが受け取ることが可能になるかもしれません。

また、会社からもらう役員報酬を減らせば、その分、会社には利益となります。中小零細企業では社長さん個人が株主となっているケースが多く、言い方を変えれば社長さん個人が所有する別のポケットです。会社に利益が残ればその分法人税がかかってしまいますが、赤字が続いている会社では法人税もかかりません。

つまり、経営改善が必要な会社の多くは、社長さんが所有する法人のポケットに入れておけば税金がかからないが、社長さん個人のポケットに入れると所得税や社会保険料まで確実に徴収されてしまうのです。

私自身がこの分野についての専門知識がないので詳しい記述は避けますが、基本的には「個人の課税所得が700万円を超えたあたりから税金や社会保障の観点からは損」となる傾向があると考えます。儲かっている企業の社長さんでもあえて役員報酬を下げることを検討する方がいるくらいですから、感情的にならずに、税理士や社会保険労務士などの専門家の助言をもらいながら役員報酬削減を検討してみる価値はあると考えます。

従業員への給与手当の削減は慎重に

前述のとおり、社長さんの役員報酬を削減しても、個人の手取り所得や財産の減少影響を抑えることが可能ですが、従業員はそういうわけにはいきません。もし、従業員の給与手当の削減を行えば、その分だけ個人の生活も苦しくなります。

私が経営改善を進める場合は、よほどのやむを得ない状況でないかぎり、従業員のリストラや給与削減は避けるようにしています。ひと昔前であれば、「多少給与を下げても従業員はついてきてくれる！」という社長さんの言葉を信じることもできましたが、今は圧倒的な人手不足の売り手市場です。従業員の生活の根幹にかかわる削減をした場合に、他社に転職されるリスクが以前よりも飛躍的に高まっています。しかも、優秀な人材ほどそのリスクが高くなります。中小企業における強みは、従業員等のヒトに起因するものが多く、安易な削減でその企業本来の強みまで喪失してしまっては、経営改善どころか存続の危機を招きかねません。

責任ある社長さんがまず目指すべきは、「会社全体の人件費総額は抑えながら、従業員１人あたりの給料を増やす」という方向性です。一般的に、従業員にとって興味があるのは「自分の給料」であり、それが増える方向性自体は歓迎されるはずです。

この考え方に則って、１人あたりの生産性を高めていく取組みの重要性を訴えることで、モチベーションを維持したまま、会社の利益改善に向けて取組みやすい関係が生まれます。少なくとも、「会社の利益」だけを訴求するよりは、従業員の納得が得られる可能性が高まります。

また、従業員と会社の双方にメリットがある「残業の削減」については積極的に取り組むべきかと思います。できれば、単純に短時間労働にするのではなく、能率改善・生産性向上に取り組むことで、会社としては残業代を抑制し、従業員としては余暇の充実等のメリットを享受できます。過去の事例では、残業代も生活費として見込んでいるので残業を減らされると困る、とクレームをつける従業員がいたこともありましたが、そのような方は低能率であることが多く、どうしても嫌ならやめていただいても構わないというスタンスで臨んでも問題ないかと考えます。

かなり業績が厳しく、どうしても従業員のリストラに手を付けざるを得ない場合は、パート・アルバイト等の有期雇用の期間満了で更新をしないことを優先します。給与削減等に踏み切る場合は、会社業績の現状や、今後の経営改善の方向性等を、社長さん自身が真摯に対面で説明する必要があります。

私の過去の事例ですが、あらゆる手を尽くした最後の手段として、正社員を含む従業員の解雇と、残った従業員も給与削減という抜本的なリストラを経営改善計画に織り込んだこともあります。このときには、残った従業員のモチベーションを維持するために、「社長さんは何としても雇用と生活を守るというスタンスを崩さなかったが、鬼のような冷血コンサルタント（私）が抜本的なリストラを断行するよう迫った」という役割分担で、従業員説明会を行いました。

当然、私は恨まれましたが、社長さんの立場はギリギリのラインで守れたと思います。この際には、労働基準監督署に駆け込まれたり、労働裁判を起こされたりといった法務リスクに気を遣いました。この分野に関しては、腕前がよくて会社側の味方になってくれる社会保険労務士に相談をしながら、万全を期して慎重に進める必要があります。

4　販管費の抑制は聖域なき戦い②その他経費（製造原価の固定費を含む）

金額の大きい費目から優先的に

前述のとおり、販管費（固定費）は「削減したら削減した分だけ利益が拡大する」ため、経営改善において極めて重要な要素となります。基本的には、損益計算書の販管費内訳明細に載っているすべての費目について、１つひとつ削減可能性を検証し、積み上げていく必要があります。コスト削減を取り組むときのポイントは、金額の大きいものから優先的に徹底検証するということです。

例えば「コピー用紙代を削減するために裏紙を使用します」、「電気はこまめに消すようにします」、「トイレットペーパーを安いものにします」などの取組みは、それ自体が無意味とは言いませんが、削減効果があまりに小さすぎます。もともと多額のコストをかけている費目に着目して、その削減が可能になれば、大きな利益改善効果を得ることができます。

得てして金額の大きい出費ほど、「社長さんのこだわり」や「過去からのしがらみ」や「断れない理由」があることが多く、社長さんも従業員も削減するのが困難であると思い込んでいるものです。しかし、経営改善に本気で取り組むのであれば、聖域なく削減できるものは削減する、できれば金額が大きいものほど本気で取り組む必要があります。

社長さんや従業員に「この費用は削減できないか」と尋ねると、ほとんどの場合は削減できない理由が返ってきますが、ここからが我々経営改善の支援者の腕の見せ所です。「これを購入する理由は何か」、「もし万が一、これをなくしたらどのような弊害があるのか」と必要性を検証し、「もっと安く手に入れることはできないのか」、「中古品ではダメなのか」、「相見積もりはとったのか」と代替可能性を模索する等で削減可能性をとことんまで追求します。

具体的な削減策の一例については、以降で詳しく述べますが、まずは「金額の大きい出費から見直す」という基本方針を踏まえて取りかかることの重要性について意識をしておいてください。

地代家賃の減額交渉をする

地代家賃は、確実に毎月かかり続けるため、もし減額交渉に成功したら長期にわたって利益改善効果を享受することができます。その反面、オーナーに減額の同意をしてもらうためにはギリギリの交渉をする必要があり、最初から無理と諦めているケースが多くあります。しかし、ダメで元々、うまくいけばまる儲けですので、取り組んでみる価値はあると思います。

家主に対しては、「経営が厳しく現状の賃料では利益を確保できない」、「このままでは退去も視野に入れざるをえない」、「できればこの場所で営業は続けたいが、そのためには○○○円まで賃料を下げてほしい」といったことを、書面と口頭で伝えます。周辺の賃料相場等を事前にリサーチしておくと、交渉材料となります。オーナーとしても、空室になってすぐに次が決まるとは限りませんし、空室のあいだは収入がゼロになるわけですから、検討していただける可能性はあります。

なお、賃料減額を成功報酬で請け負う専門業者もありますが、業者を活用すると成功報酬が必要となります。経営改善が必要な場面は、将来の利益もさることながら目先のキャッシュが大切ですので、あまりおすすめはできません。

保険の見直しをする

法人加入の生命保険や損害保険も、毎月あるいは毎年決まった時期にキャッシュアウトするものですので、こちらも長い目で見れば大きな削減効果を得られます。しかし、万が一の保障がなくなってしまうリスクも勘案する必要がありますので、1つひとつ丁寧に対処していく必要があります。

まず、生命保険に関しては、役員を被保険者とする死亡保障や退職金積み立てを目的としたものがあります。死亡保障については、目安として借入金総額と当面の固定費（3～6か月分）を超える保険金額であれば、減額などを検討してもよいと考えます。退職金積み立てを目的としたものについては、加入時期や解約返戻金の額を基に検討する必要があります。

もし、かなり古い契約で既に解約返戻金が溜まっているようなケースであれば、契約者貸付制度を利用する、積立型（終身保険）から掛捨型（定期保険）に転換するなど、保障を削らずに資金の確保につなげることをおすすめします。一方、比較的最近加入したばかりであれば、一旦解約して、掛け捨ての定期保険で死亡保障を確保するほうがよいかもしれません。

退職金をもらうにしても、そのときまで会社が存続していなければ意味がありません。将来の退職金よりも、今の運転資金のほうがよほど大事ではないかと考えます。生命保険の見直しの際は、顧問税理士とよく相談のうえで、目先の資金繰りと将来への備えの観点から判断したほうがよいでしょう。

一方、損害保険については、基本的には1年の掛け捨てですから、純粋にリスク対策の必要性から考えていきます。まず、取扱代理店に連絡して、今の加入状況（保険の目的・補償対象となる事故の範囲・保険金額など）を把握することから始める必要があります。企業が損害保険に加入する意味は、「万が一事故が起こった場合でも、経営にとって致命的な損害にならないようにすること」です。その観点から、保証金額は高めに設定しながら、保険金支払時の自己負担額を設定することで、支払保険料を低減させるやり方があります。

万が一事故が起こっても、自己負担額の範囲内（例えば10万円以内）であれば、それ自体で経営がゆらぐことはありません。また、全額が保険金から支払われるわけではないという緊張感が、事故発生の抑止につながる効果もあります。事故率の低下により翌年の保険料が安くなったり、修繕費が抑制されれば、その分利益拡大に寄与します。

エネルギーコストを見直す（電気料金など）

電気料金を始めとするエネルギーコストについても、コスト削減の取組みのターゲットとなります。たくさんの機械を稼働させる製造業や、冷蔵冷凍の設備を有する小売店等では、電気代がかなりの負担になっているケースは多くあります。

電気料金の削減を例にあげると、まずは「電気を安く購入できる方法はないか」を検討します。電力自由化の取組みによって、電力会社の競争が生まれて電気料金を安価に調達できる選択肢は広がっていますが、何も対策をせずに旧来の契約がそのまま残っているケースも散見されます。

電力会社を切り替えても供給の安定性や品質が下がることはありません。相見積もりを取って検討していると、既存の電力会社が今までよりも安くなるプランを提案してくることもあります（相見積もりして安くなるのであれば、最初から提案してくれてもよさそうなものですが、電力会社も営利企業であり自社の利益が減る提案はしづらいものです）。

これに加えて、とくに製造業等であれば、「デマンド対策」（特定の時間に集中する電力使用量を分散させることで最大デマンド値を下げる方法）が有効な手段となります。また、従業員が無駄な電力を使わないようにコスト意識の徹底を図ることも、少なからず効果があります。なお、省エネ性能の高い最新機器に入替を行うことも電力料金削減には大きな効果がありますが、新たな設備投資資金が必要となるため、資金繰りが厳しい状況下で行う経営改善計画の中では取組みづらい側面があります。

なお、これらの対策を講じたにもかかわらず、思ったほどのコスト削減効果が得られないケースもありますので、対策前と対策後の比較検証を行うことが大切です。また、一旦対策を講じても、それよりも安くなる新たなプランができることもあります。電気料金負担が大きい企業では、継続的に情報収集を行い、定期的な見直しを行うことを推奨します。

補助金や助成金を活用する

中小企業向けには、経営に役立つ様々な補助金や助成金があります。例えば、中小企業庁が所管するものであれば、広告宣伝等の販促活動に使える「小規模事業者持続化補助金」、ＩＴ投資に使える「ＩＴ導入補助金」、製造業などの機械設備導入に使える「ものづくり補助金」、事業承継に伴う革新取組みを支援する「事業承継・引継ぎ補助金」などがあります。厚生労働省が所管する「キャリアアップ助成金」は、人材採用や育成を促進する目的で支給されます。各地方自治体でも、中小企業振興のための補助制度等を独自に運営していることもあります。

これらは、資金繰りに余裕がない会社にとって、本当にありがたい制度です。しかし、余裕のない会社ほど、これらの制度を使いこなせていない、あるいは、そもそも制度の存在すら知らないというケースがよくあります。

私の場合、実際に経営改善計画策定支援を行って戦略上の課題の明確化を図りながら、その課題克服策として補助金の申請支援にも対応するケースは数多くあります。

補助金や助成金は、黙っていても勝手にもらえるものではありません。こちらが積極的に情報収集をして、能動的に申請手続をする必要があります。補助金や助成金については、お近くの商工会議所や商工会に相談することで、情報やアドバイスを提供してもらえます。相談は無料ですし、補助金以外にも様々なメリットがありますので、ぜひ積極活用されるようおすすめします。

相見積もりを活用する

その他の様々な経費についても、削減できる可能性を検討していきます。幅広い経費に対して有効な手段となるのが、「相見積もり」を取ることです。何でも安ければよいというわけでなく、既存の購入先との長い取引関係が重視される場面もあると思います。しかし、経営改善が必要な状況に追い込まれたのであれば、ありとあらゆる経費を聖域なくコスト削減策の検討対象として、ゼロベースで判断するきっかけとして活用することを推奨します。

とはいえ、あまりに細かい経費にまで相見積もりを取るのは、手間がかかる割に削減効果が小さく、現実的とはいえません。そこで、「10万円未満の場合は現場判断に任せる」、「10万円～20万円未満の場合は役員の事前承認を原則とする」、「20万円以上の場合は原則として相見積もりを取った上で役員決済とする」といった、購入金額に応じた事務ルールを設けることを推奨します（大手企業では当たり前のように運用されていますが、中小企業においてはこのようなルールがないところも多くあります）。

5 「現場の知恵とプライド」を活かした原価率対策（変動費対策）

強みを活かした原価率対策を

売上原価は、その企業の付加価値の創出に直接関わっているため、その会社がどのようなビジネスをしているかによって大きく異なります。そのため、原価率対策を検討する際は、一般論を押しつけるのではなく、個々の企業のビジネスモデルをしっかりと理解したうえで進めなくてはなりません。

また、効率性を追求するあまりに、業務品質が低下して、お客様からの信頼を失ってしまっては元も子もありません。例えば、素材にこだわった料理が評判の飲食店で、料理にかかる材料仕入原価を安易に削ると、せっかくの強みが失われてしまいます。売上原価への対策は、その企業の強みを損なわないことを前提に進める必要があります。

しかしその一方で、社長さんが「これくらいの原価はかかって当たり前」、「削減できるものは既に削減しており、これ以上削減できるところはない」という固定観念にとらわれている場合もあります。それでも原価を把握していればまだよいほうで、原価がいくらか把握すらしないまま、やみくもに品質第一主義にとらわれてしまっているケースも少なくありません。ボランティアであれば構いませんが、あくまでビジネスとして持続的によいものをお客様に届けたいのであれば、原価をしっかりと管理して、削るべきものは削る努力をするべきです。

高価で品質のよい原材料を大量に使えば、よいものができるのは当たり前です。しかし、それはライバル会社でも簡単にできることであり、どんなによいものを提供しても付加価値が高まるわけではありません。適正な原価の範囲に抑えながら、顧客に喜ばれる高い付加価値を生み出してこそ、その分野のプロフェッショナルであることを、しっかりと共通認識として落とし込む必要があります。

原価の重要性を理解していただく

原価は大きく分けて、「仕入原価」と「製造原価」の2つがあります。

仕入原価は、その名のとおり、小売業等で販売する商品そのものを、問屋等から購入した金額となります。製造原価は、製造業等で製品の製造に要した費用であり、具体的には材料費、労務費、外注加工費、その他経費などがあります。

製造原価を計算することが原価計算です。製造原価がわからないと決算ができませんので、製造原価が計上される企業では必ず原価計算を行っています。しかし、このような会計目的の原価計算だけでは、より利益を改善するための経営判断には役に立ちません。

製品ごと・注文ごとの原価を計算して「見える化」を実現できれば、どれくらい売れれば利益になるのか（損益分岐点売上高）、いくらなら儲けが出るのか（価格設定や価格交渉）、原価の中に無駄がないか（内部管理）、どの製品を重点的に販売すべきか（営業戦略策定）など、利益改善のためにできることの範囲が格段に広がります。

しかし、原価計算は決して簡単な作業ではありません。社内にあるあらゆる情報を統合し、総合的に原価を算出する必要があります。データ収集からはじまり、それらを集計・分析するにはかなりの時間と労力を要します。

そのため、本格的に原価計算を徹底するためには、ERPなどのITシステムを使用する必要がありますが、その導入費用をいかに捻出するかという問題もありますし、システム導入だけではなく内部体制も抜本的に見直さなければなりません。現実問題として、中小企業においてどこまで厳密な原価管理を行うべきかについては、個々の状況に応じた判断が必要となります。

時間的に制約のある経営改善計画策定において、もしも現段階で原価管理ができる体制がなかったときには、その前提でできることを考えていくしかありません。

また、社長さんの長年の勘も、あながち大ハズレではないケースは多いものです。社長さんに「原価への意識を強く持ってくこと」、「厳密でなくても製品ごとの原価の概算を見える化すること」だけでも、無駄の削減や価格交渉、営業活動などに効果を発揮する可能性は高まります。

原材料費と外注加工費のコストパフォーマンスを高める

製造業の売上原価は、原材料費・労務費・外注加工費・その他経費で構成されています。このうち、労務費とその他経費については、前述の販管費の抑制で解説した内容が参考になりますので、そちらをご参照ください。ここでは、原材料費・外注加工費の抑制に向けた対策について解説させていただきます。

まず、現状把握においては、第２章でもご紹介した「平均の視点（同業他社の平均値と比較して優れているのか、劣っているのか）」と「傾向の視点（過去数か年を比較した際に上昇傾向または下降傾向にあるか）」を活用します。同業他社と比較して明らかに劣っている、あるいはここ数年上昇傾向にあるというケースで、それぞれ売上高対材料費比率・売上高対外注加工費比率が高くなる合理的な理由があるかどうかを検証していくことで、隠れていた問題点が明らかになることがあります。

原材料費については、「調達時の単価」と「使用する量」の観点で検証を進めます。調達時の単価の観点からは、もっと安く調達できる業者はないか、まとめて買うことで単価を下げられないか、安い代替品を使うことはできないか、といった可能性を追求します。使用する量の観点からは、製造プロセスに無駄はないか、発注量は適正か、無駄な原材料在庫はないか、廃棄ロスが発生していないか、などを見ていきます。

外注加工費に関しては、自社では技術的に、あるいは費用対効果の観点から対応できない業務を外注に出しているのであれば問題ありませんが、季節変動が激しい業種では「繁忙期の注文を自社で受けきれないため、やむなく同業他社に外注に出している」というケースも存在します。この場合は、製造現場の生産効率向上を推進して、自社で対応できるキャパシティを拡張して内製化を進めることで、社外に流出している粗利益を自社内に取り込んで利益改善が実現する可能性があります。

現場のプライドと知恵を引き出して具体策につなげる

ほとんどの場合、我々支援者は、製造現場のオペレーションに関して、実務的なアドバイスを提供することはできません。必要に応じて現場改善の専門家とコラボレーションすることもありますが、その会社の現場について一番詳しいのは「社長さんや工場長」です。

社長さんや工場長には「言われるまでもなく、やれることはやってきた」という自負もあるかもしれませんが、結果として、売上高対原材料費比率や外注加工費比率が同業他社平均よりも劣っているのであれば、同業他社よりも付加価値の低い仕事しかできていないことになります。

この事実は、現場を知り尽くした社長さんや工場長にとっても沽券に関わることであり、「まだまだできることはあるはず」というモチベーションになります。

原材料費や外注加工費の対策には「現場」に踏み込む必要がありますが、必ずしも我々支援者が踏み込む必要はありませんし、中途半端な知識でアドバイスできるものでもありません。数値や分析結果を活用しながら、うまく質問を投げかけることで、その会社の「現場の知恵とプライド」を引き出して具体的な対策のきっかけを提供することが肝要です。

6　儲かる商品の売上比率を高める

商品ごとの「儲かり度合い」を明らかにする

原価率対策は、原価を抑制する製造現場の視点にフォーカスが当たりがちですが、もう1つ「儲かる売上高を増やす」という営業の視点も考慮する必要があります。

そば屋を例として挙げると、一般的には「かけそば」は原価率が高く、儲けが少ない商品となります。限られた席数の中でお客様が全員「かけそば」しか頼まなければ、一見すると繁盛店のように見えますが、会社としては忙しい割に儲からない状態に陥ります。

この場合、「かけそば」を値上げするという対策が考えられますが、顧客からの反発も心配です。一方で、もう1つ簡単にできる対策として考えられるのが、天ぷら・卵・わかめなどのトッピング、おにぎりや稲荷寿司などのサイドメニュー、お酒やジュース等のドリンクといった「原価率の低い儲かる商品」を積極的に販売することです。

経営改善が必要な会社の中には、決して暇ではないのだがなぜかお金が残らないという事例は数多くあります。この会社に必要な対策は、現状のままさらなる売上拡大を図ることではなく、儲かる商品の売上を増やすことになります。

そのために必要なことは、「何が儲かる商品なのか把握すること」です。さきほど述べた原価管理をすればデータとして把握することができます。そこまでしなくても長年の勘や肌感覚で、ある程度「儲かる商品」と「儲からない商品」の区分けは社長さんの頭の中には入っていることがほとんどです。

しかし、それが社長さんの頭の中の感覚に留まっていては、目に見える効果としては何の意味もありません。原価率改善に取り組むのであれば、何が儲かる商品なのかを把握するだけでなく、「儲かる商品を明らかにして社内で共有すること」から始まります（ビジネスの内容を踏まえて、商品以外にも取引先別・地域別等、原価率の観点から意味のある区分を使います）。

付加価値を踏まえたきめ細かな販売戦略を

売上アップの対策については第5章で詳しく述べますが、原価率対策の観点から踏まえておくべきことは、「付加価値が高い商品（原価率が低い商品）」は、勝手に売れることは少なく、その付加価値を顧客に訴求するプロモーションが必要になる点です。放っておいても顧客は買いたいものを買いますが、その場合は「なるべく元を取ろう（原価率の高いものを買おう）」という意識が働きます。よいものを高く買っていただこうとすれば、それがいかによいものであるかを能動的に訴求していく必要があります。

また、「原価率の高い商品（放っておいても売れやすい目玉商品）」をどのように位置づけるのかは、その企業の営業戦略に関わります。

例えば、原価率の高い「かけそば」でも、効率よく高速回転でたくさん売れれば必要な粗利益額を確保することができます。低価格大量販売という戦略を選択するのであれば、あえて「かけそば」を重点的に販売することも理にかなっています。

また、例えば食品スーパーで「卵1パック98円」という原価率の高い商品は、そのままではほとんど利益を稼ぐことはできませんが、お店に顧客を呼び寄せる集客効果があります。せっかく来たからには、卵だけを買って帰るのももったいないので、ついでに夕飯の買い物をして原価率の低い「お惣菜」を買ってくれれば、トータルで充分な粗利益額を確保することができます。

原価率が高いからといって、それ自体がよいか悪いかを単純に判断することはできません。原価率をきちんと把握した上で、会社の営業戦略を踏まえた行動を、意図を持って実行できているかどうかが重要です。

もちろん、この前提となるのは「原価を踏まえた儲かり度合いを把握できていること」であり、従業員を巻き込んだ具体的な販売行動に落とし込むことで、経営改善に不可欠な充分な粗利益確保を実現できます。

本章の冒頭で、売上至上主義の弊害について解説したとおり、経営が苦しいときにやみくもに売上を増やしても、利益が増えるとは限りません。しかし、商品やサービスを利益率（原価率）の観点でカテゴリー分けを行ったうえで、カテゴリーごとのきめの細かい営業戦略を練ることで、劇的に利益が残る体質に変わることができます。

7　全従業員を巻き込んだコスト削減取組みを！

掛け声だけでは意味がない

この章では、様々な観点でコスト削減の具体的な手法を解説してきました。社長さんが決定権を持って1人で実行できることもありますが、多くのコスト削減の取組みは「役職員が一丸となって取り組まなければ効果がでないもの」です。

社長さんにとって、会社のお金は自分のお金ですので、コスト削減に対して強いモチベーションが働きます。

しかし、従業員にとって、会社のお金は自分のお金ではありません。そのため多くの場合、残念ながら「無駄遣いするなよ」という掛け声だけでは、ほとんど効果がないのが実態ではないでしょうか。

従業員も無駄遣いをしようという意図があるわけではありませんが、慣れている現状を変えてまで、さらに一歩踏み込んだコスト削減を推進しようという強いモチベーションは働きにくいものです。繰り返しになりますが、従業員にとって、会社のお金は自分のお金ではありません。

そのため、「忙しいからできない」、「業務負担が増えるからできない」、「多少努力しても自分の給料が増えるわけではない」というのは、社長さんから見ればとんでもないことだと思えても、従業員のホンネであるという前提で対策を考えます。

コストの「見える化」で適切なマネジメントを

全役職員が一丸となったコスト削減の取組みを推進するためには、まずコスト削減を行うことの重要性を論理立てて説明し、会社の利益が最終的には従業員の利益にもなることを、しっかりと理解してもらう必要があります。

合わせて、「コスト削減のために具体的に何をすればよいのかわからない」という阻害要因への対策として、「具体的な取組み事例や方法」を明示することが必要です。やるべき行動・やってはいけない行動を明確にすることで、従業員としても安心してコスト削減に取組みやすくなります。

また、「コスト削減をしても自分にはメリットがない」、「コスト削減ができなくても自分の責任ではない」という阻害要因もあります。この対策としては、部門別会計を活用して、部門別のコストの現状を目に見える形で示して、コストも含めた利益目標を立てることも有効です。

中小企業では、部門別目標はあっても、売上高目標しか設定していないというケースが数多くあります。もしも売上高でしか評価されないのであれば、販管費や広告宣伝費をガンガン使って、原価率の高い目玉商品を中心に売れば、簡単に目標達成することができます。コストも勘案した利益目標を立ててマネジメントや評価をすることで、初めて「付加価値の高い仕事」へのモチベーションが働きます。

コスト削減のモチベーションの源泉は「社長」にある

以上のとおり、コスト削減の必要性や重要性、自分自身の長期的なメリットにもつながることをしっかりと理解して、自分がやるべき行動が明確になって、その行動が自分自身の短期的なメリットにも反映されることで、はじめて具体的な成果につなげることができます。

ただし、基本的には従業員のコスト削減へのモチベーションは働きにくく、放っておくと効果を発揮しない前提に立つ必要があります。

多くの場合、従業員のコスト削減のモチベーションの源泉は「社長」にあります。つまり、「社長に怒られるのが嫌だ」、「社長に褒められると嬉しい」ということです。

コスト削減のためにやるべきことをやっていなければ本気で叱る、コスト削減のために一生懸命取り組んでいれば感謝する。このような基本的な従業員との関わりの中で定着化を図るのが最も近道です。

さらに、社長自らが率先してコスト削減のために取組み、その成果を従業員と共有していれば、より本気度が高まってくることは言うまでもありません。従業員は、社長の本気度を、普段の行動や言動から敏感に感じ取っています。

これらの取組みを一定期間持続させることができれば、あえて口うるさく言わなくても当たり前に「会社のお金を大切にする」ことが企業風土として定着していきます。一朝一夕にはできないことですが、社長が本気で取組み、一過性でなく継続させることが何よりも肝心です。

第5章　お客様から選ばれる会社へ！業績不振からの「売上アップ」のアドバイス

1　業績不振からの売上アップにおける基本方針

ないないづくしからのスタート

「売上をアップさせる」。この課題は、ほぼすべての企業において最重要課題の1つです。売上アップのために、売れる商品開発をしたり、広告宣伝などのマーケティング活動に取り組んだり、営業社員を採用・教育したりと、様々な企業努力を重ねています。それでも目指す売上目標に到達できないことのほうが多いのではないかと思います。

ただでさえ達成が難しいこの課題は、業績不振で資金繰りが厳しい会社にとってはより一層困難なものとなります。広告宣伝や店舗改装などに使えるお金がない、優秀な人材がたくさんいるわけでもない、減収から脱却し増収に転じるためのノウハウも経験もない。ないないづくしの厳しい制約条件の中で、まずマイナスを止めてから、プラスに転じる必要があります。業績不振から脱却して、売上アップを図るということは、通常以上のハードルがあることを踏まえておく必要があります。

既にあるものを伸ばす

業績不振からの売上アップはハードルが高いものですが、決してできないことではありません。事実、経営改善計画を策定して取り組んで売上アップを実現した事例はいくらでもあります。

なぜなら、きちんと現状分析をした上で戦略を考えて、営業活動に取り組んだ経験がない企業はかなりの割合で存在するからです。要は、今まで実行したことがなかった、やってきたつもりでもできていなかった「戦略的な営業活動」を行うことで、本来取れるはずなのに取りこぼしてきた売上を、自社に取り込める可能性があるということです。

「経営不振から劇的に立ち直ったサクセスストーリー」が、テレビや書籍で紹介されることがあります。ドラマティックで面白いのは「画期的な新商品を開発した！」というものですが、実際にはそのような成功事例は少ないですし（事例が少ないからこそ面白いドラマになる）、経営改善の現場では新商品開発にかけることのできる資金的余裕も時間的余裕もありません。

業績不振からの売上アップの基本方針は、「今すでに持っている経営資源を最大限活用すること」です。先ほど「ないないづくし」と言いましたが、実はどんなに業績不振でも「あるもの」もたくさんあります。

売上が減っているとはいえ、ライバルが数多くある中でも唯一当社を選んで、お金を払って当社商品をお買い求めいただけるお客様があります。そのお客様を喜ばせることのできる商品力や技術力、そしてそれを生み出す社員があります。

「ないもの」に目を向けても何の価値も生み出すことはできず、かといって「新しいもの」を創り出す余裕はありません。「既にあるもの」の価値をもう一度再評価し、伸ばしていくことこそ実行可能な対策なのです。

致命的な弱みは徹底的に克服

業績不振からの売上アップは、前述のとおり「既にあるもの（既にある強み）」に着目して、それを伸ばしていくことが基本となります。しかし、同時に弱みを改善することも重要です。とくにこれは致命的という弱みがあれば、徹底的に改善を図ります。

何が致命的な弱みになるかは、その会社の状況によっても異なりますが、1つの典型事例は「経理事務の機能不全」です。期中の数字の動きが把握できない、資金繰りの管理ができないなどの状況だと、どこまでいってもいき当たりばったりで、モニタリングもままならない状況に陥ります。

もう1つの典型事例が、小売店・サービス業・料理飲食店などの来店型店舗で「整理整頓ができていない」ケースです。衛生管理が大前提の業態であるにもかかわらず、見た目にも清潔な環境が実現できていなければ、売上アップはまず不可能です。このような会社は、いくら素晴らしい営業戦略を立てても、実行段階でお客様からの信頼を失います。

致命的な弱みの指摘や改善アドバイスには、専門的な知識はいりません。我々が普通のお客様の目線で見て、「明らかにやるべきことをやっていない事実」を伝えればよいだけです。極めて当たり前のことでも、自分がいつも過ごしている環境が適切に維持管理されているかどうかは、社長自身・スタッフ自身では見えなくなっていることは多くあります。

いつもの「社長目線・スタッフ目線」に加えて、我々のような冷静な第三者の「お客様目線」が求められる場面はかなりあるものです。

2　隠れた強みをあぶりだせ！

注文が取れない理由は追及しても無駄

業績不振からの売上アップは、前述のとおり「既にあるもの（既にある強み）」に着目しますが、何が強みか社長さんやスタッフの目線からは見えないというケースは多くあります。逆に売上が下がっているわけですから、悪いところはいくらでも目につきます。

業績不振の会社では、「なぜ注文が取れないのか」、「なぜお客様がライバルに奪われるのか」という理由を追及したがります。そのため、社内会議が増える、社長さんが怒る時間が増える、社員がビビっている時間が増える傾向がありますが、基本的にはこれらは無駄な時間です。

さきほどのように「店が汚い」というのは論外ですが、最低限をクリアした後は、「いつ・どこで・何を買うかは、お客様が決めること」です。当社ではなくライバル会社を選ぶ理由や、お客様が買わない理由は、タイミング・価格・性能・サービスなど、お客様によって要因は異なるため、分析したところで対策を打つのは難しいのが実態です。さらに、お客様が買わなかった会社に本音を話すとも思えませんし、正しい要因把握すら難しく、あくまで仮説にすぎないのです。

注文が取れない理由をいくら追及しても具体的な成果にはつながりにくいばかりでなく、従業員のモチベーションダウンになるのであればかえって逆効果になる危険性もあります。

頭で考えた強みは真の強みではない

前述のとおり、「お客様が買わない理由」は、把握しても対策が難しく、そもそも把握すら難しいというのが現実です。業績不振の会社で優先すべきは、「お客様が当社を選んで購入される理由」、つまり「自社の強み」を明確にすることです。「自社の強み」は自分自身のことですから、「当社で買わなかったお客様の本音」よりも格段に把握は容易です。

しかし、実際には自分自身のことだからこそ、逆に見えづらいのも現実です。読者の皆様にもわかりやすい事例として、就職面接で「あなたの長所は何ですか」という質問を受けたと想像してください。いくら頭で考えて回答しても、それが真の長所かどうか、他人と比べても勝っているのか、自分でもわからないのが実態ではないでしょうか。

これと同様に、当社にとっての「真の強み」を、頭で考えて導き出すのは、ほぼ不可能に近いものです。企業のホームページや会社案内に書いている「我が社の強み」は、本当に真実なのかを見ていく必要があります。

その強みは、当社にしかない強みですか。ライバル会社も、同じようなことを言っていませんか。当社と同じようなものを、もっと安く手に入れることはできませんか。お客様に、当社で買う以外の代替手段はありませんか。お客様にとって、どうしても当社が必要な存在ですか。

これらの質問に自信を持って「ＹＥＳ」と答えることができるものが「真の強み」であり、具体的な成果をあげるために必要不可欠な鍵となります。

真の強みをあぶりだすインタビューシート

業績不振からの売上アップのためには、「これが我が社の真の強みである！」と、社長さんも従業員も自信を持って答えられるようにすることが肝要です。

しかし、ただでさえ業績不振なのに、そんな強みがはたして本当に存在するのか、と心配に思われるかもしれません。それでも私は、「絶対に真の強みがある」と断言できます。そして、その強みを明確にする手法があります。

その根拠は、「ありとあらゆる選択肢がある中で、お客様が世界で唯一、当社を選んでお金を払って商品・サービスを購入してくれたという事実」です。つまり、どんなに減っていても、現に存在する売上高に着目して、「なぜ、当社の商品を購入されたのか」という事例を分析することです。

売上が上がったことを喜んだり褒めたりするのは当然ですが、そこで終わらせてしまうのは実にもったいないことです。せっかくの貴重な事例を活かして、当社の強みを明確にあぶりだす材料として活用すべきです。

その手法を「真の強み発見インタビューシート」にまとめています。このシートを、担当者自身が書いてもよいのですが、最も効果的な使い方は、上司や社長さんがこのシートを基に担当者にインタビューをしてまとめることです。事例が1個や2個ではよくわからないかもしれませんが、このシートに基づいて事例を10個以上集めることができると、必ず共通点が見えてきます。

1つ事例があるのであれば、同じようなケースで当社を必要としている他のお客様は必ず存在す

【図表7　真の強み発見　インタビューシート】

真の強み発見 インタビューシート
（作成日 令和　　年　　月　　日）

質　問 （質問者　上司太郎　）	回　答 （回答者　担当次郎　）
今回取れた注文は、どのような注文ですか？（商品・サービス）	
そのお客様は、どうやって当社を知ったのですか？	
そのお客様は、どのようなきっかけで当社に問合せをしたのですか？	
そのお客様は、当社に問合せをしたときに何か悩み・不安・不満を抱えていましたか？	
そのお客様は、他の類似する会社にも問合せをされましたか？	
そのお客様は、何を決め手に当社を選ばれたのでしょうか？	
当社商品は、お客様の悩み・不安・不満の解消に役立ちましたか？お役に立てたポイントは、どこにありましたか？	
お客様は、どのような言葉や態度で、感謝や喜びを表現されていましたか？	
そんなお客様がどんどん増えると、この社会・地域はどのように明るくなりますか？	

るはずです。共通点を見い出していくことで、営業活動や販促物製作などに活用することができます。

なお、このインタビューシートには、もう1つ副次的な効果があります。それは、当社の商品はお客様に喜ばれ、社会のためになるものだという自信を取り戻していただくことです。真の強みが発揮された実例を目に見えるシートで積み重ねることで、自信と誇りの回復により、社内の雰囲気も明るくなります。売る側が自信を持てないものは絶対に売れません。

3　中小企業に優秀な営業マンはいらない

優秀な営業マン依存の弊害とは

業績不振からの売上アップを検討する際に、社長さんから「うちには優秀な営業マン（接客スタッフ・窓口担当者等）がいない」ということを嘆かれるケースがあります。しかし、中小企業にとって、優秀な営業マンに依存することには様々な弊害やリスクがあります。

まずこの人手不足の時代において、優秀な営業マンを採用すること自体が困難です。もし、そのような人材がいたとして、本当に優秀であれば他社に転職してしまうリスクがあります。特定の従業員が主要顧客と強固な関係性を構築していた場合、もし万が一その従業員が退職してしまうと、会社とお客様の関係も危うくなってしまいます。他にも、営業マンとして優秀だが自己主張の強い人材がいると、他の従業員が委縮してしまうことや、社長さんが優秀営業マンをコントロールできなくなるケースもあります。

何より、「売上は従業員の能力や資質の問題だ」と位置づけてしまうと、会社としてできる売上アップ策は「優秀な人材を確保し育てること」に帰結します。もちろん、人材採用と育成は、会社にとって極めて大切なことです。しかし、とりわけ経営改善において短期的に売上アップを図るという場面では、あまりに抽象的で不確実な取組みであり、売上アップの根拠として第三者が納得できるものにはなりづらいのが実態です。

売れる仕組みの構築に注力せよ

短期的に確実に売上アップを図る観点から、社長さんが取るべき方策は、「優秀な営業マンがいなくても売れる仕組みづくり」です。そもそも企業規模として、専任の営業スタッフを配置できる余力がないケースも多いのですが、仕組みづくりに関しては企業規模の大小を問わず、業種を問わず、どのような企業でも取り組むことができます。

どのような仕組みを構築するかはその企業ごとに異なりますが、重要な観点は「社長さん自身はもちろん、名刺・看板・ＰＯＰなどの広告宣伝媒体、ホームページやＳＮＳ等の情報発信媒体、製造や接客スタッフ、電話応対の事務スタッフなども含めたありとあらゆるお客様との接点を活かすこと」です。

もちろん営業努力も必要ですが、努力というのも抽象的で不確実なものです。前述のインタビューシートで明らかになった「真の強み」を、全社一丸となって、必要としているお客様に届けられる体制と業務フローを構築する方向性で検討していきます。

中小企業のための信頼構築型営業

とくに地域密着型の中小企業において大切な観点として、営業活動が「お客様や地域の信頼を得るための活動」になっていることが肝要です。顧客の心理を操って商品を買わせるテクニックを駆使して超短期的な売上アップを図ったとしても、購入した商品・サービスにご満足いただけなければ意味がありません。不満足であれば、最終的には企業にとってマイナス影響の拡大につながるリスクのほうが大きくなります。

中小企業では、「経営理念」を明文化していない企業も数多くありますが、私は中小企業こそ、「経営理念」を打ち出した活動が有効であると考えています。中小企業にとっての経営理念には、「社長さん個人の想いや志」が色濃く反映されます。社長さんの顔が見えやすく、社長さんの個性の影響が及びやすいのが中小企業です。そして、中小企業のお客様は、必ずしも単純な品質・納期・コストだけで合理的な選択をしているわけでなく、信頼関係や応援したいという感情も意思決定に大きく影響を及ぼします。

お客様から応援される中小企業には、必ずお客様から応援されるにふさわしい社長さんがいます。

しかし、社長さん自身が、「お客様のお役に立ちたい」、「社員やその家族も大切にしたい」、「地域のために貢献したい」と思っていたとしても、それが伝わらなければ意味がありません。

残念ながら、中小企業の経営理念の多くは、「とりあえず掲げただけ」になってしまっているのが実態です。だからこそ、社長さん自身の志に基づく「本音の経営理念」を掲げ、それを広く伝えながら、有言実行し続ける会社があれば、他社と大きく差別化を図ることができます。業績不振で多額の広告宣伝費がかけられない会社こそ、お金はかからないが本気度が問われる理念を基にして、営業戦略を組み立てることは有効な手段となります。

4 セールストークは型と媒体に落とし込め

セールストークは通販番組に学べ

会社や商品の「真の強み」を明らかにして、それを仕組みとして顧客に伝え続けることが、業績不振からの売上アップで求められます。もちろん「伝えたい」という意思と「伝えるための行動」は前提としながら、さらに「顧客に伝わりやすい伝え方」が求められます。広告宣伝費や時間が限られる中小企業では、短時間で会社や商品を伝えるためのテクニック、つまり優れたセールストークを構築しておくと販促活動の効果が飛躍的に高まります。

中小企業にとって、身近で有効に活用できる優れた教材として、「通信販売会社」が挙げられます。

大手の通販会社では、限られた広告枠の中で、最大限商品の魅力を伝えるテクニックを日々研究し、実践されています。テレビやラジオの通販番組や、雑誌などの通販広告ページを、消費者として見るだけでなく、「当社に置き換えたらどうなるか」という観点で見ていくと様々な気づきが得られます。

例えば､通販番組は、大きく分けて「顧客がこの商品を買うべき理由を明確化するパート」と「顧客が買わない・決断を先送りする理由を排除するパート」に分かれています。これは、通販番組で取り扱うような消費者向けの商品だけでなく、法人向けの製品やサービス、料理飲食店等の来店型店舗など、多くの中小企業において普遍的に活用できる「セールストークの基本形」です。

次ページで一覧表にしていますので、ぜひ「当社に置き換えたらどうなるか」の観点で、組み立てていただければ幸いです。繰り返しになりますが、あくまで顧客との信頼構築が前提であり、「伝え方」はどちらかといえばテクニカルな側面に過ぎません。しかし、「伝え方」が致命的にできていないケースも多く、短期的な売上アップには有効な見直し手段となります。

ベストなセールストークを顧客に届ける仕組みづくり

前述の「セールストークの基本形」を組み上げたら、これをどうやって対象となる顧客に届けるかという実行段階になります。一般的に、営業マンや現場スタッフを教育してセールストークを身につけさせる（社長さんももちろん身につける）という対策が考えられますが、ここには様々なハ

【図表８　商品・サービスの魅力訴求（セールストーク）の基本形】

	カテゴリ	ヒント
買うべき理由の明確化	対象のお客様 （悩み・課題）	こんなお悩み、ございませんか？ ～に悩んでいる ～が不安。～に不満。 もっと～したい。
	オススメする商品	そんなあなたにオススメするのが、 社名＋商品・サービス名
	概要説明・特長	この商品の特徴は･･･ 機能、効果、理論 他社との違い、旧製品との違い
	お客様のメリット	この商品を使うことで･･･ ～が解消します。～が改善します。 ～が実現します。 ⇒ひいては～まで良くなります。
	メリットの裏付け	事実として･･･ Before⇒Afterの事例、 お客様の声、紹介者の声 エビデンス、実証データ
買わない・決断先送りの理由の排除	いざ買うとなると 生じる不安や疑問	でも、こんな不安ありませんか？ 本当？絶対に？使いこなせる？ 法外な価格、しつこいセールス 経年劣化、安全性、判断材料不足
	不安や疑問の解消	ご安心ください！ コミットメント（お客様との約束） 返金保証、相談無料、見積り無料 アフターフォロー等。
	今、行動すべき理由	決断するなら今です！ 現状放置のデメリット 早期取組のメリット 限定（期間･個数）のメリット
	具体的な第一歩	まずはお電話（番号･担当･時間）！ 詳しくはＷｅｂで！　～に相談を！ 今すぐ～にアクセス！

ードルがあります。

まず、前述のとおり、ヒトはかけがえのない経営資源ではあるものの、能力や資質にはばらつきがあります。どんなに優れたセールストークも、もともとのコミュニケーション能力が一定以上なければ効果を発揮できません。その対策として、セールス研修やコミュニケーション研修で底上げを図ることに効果がないとは言いませんが、売上アップという目に見える成果にはつながりにくいのが実態です。

多くの会社で、最も優れたセールスパーソンは社長さん自身です。しかし、社長さん自身がこれを身につけたとしても、社長さんは営業以外にもたくさんのやるべき仕事がありますから、時間的にも制約されますし、効率面で問題があります。

そこで中小企業向けの具体的な施策として、具体化したセールストークを、ホームページやチラシ等の媒体に落とし込むことです。大切なのは顧客の購買判断に必要な情報を漏れなく届けることであり、それは必ずしもヒトを経由しなくても一定程度は代替可能ですし、特に見込客段階の層に対して効率的に対応することができます。

最近、私がよく活用するのが「プロモーション動画」に落とし込む方法です。顧客の購買決定要因のうち重要なポイントを1～2分程度の動画にまとめ、Ｙｏｕｔｕｂｅ等の動画共有サイトにアップロードします。この動画はいわば、24時間３６５日常にスタンバイして、残業代もかからず、常にベストなセールストークを顧客に伝え続ける「バーチャルな営業マン」です。

もちろん、動画共有サイトにアップしただけでは、誰にも見られることはありません。そこで、チラシや名刺などの紙媒体に動画にリンクするQRコードを貼りつけたツールを制作します。これをターゲット顧客に配布して、「ちょっとでも興味がある方はぜひ動画をご覧ください」と誘導することで、効率的な営業活動を行うこととなります。

いずれにしても、ベストなセールストークは、常に安定的にベストに届けられる媒体に落とし込むこと、その媒体をターゲット顧客に届ける活動を行うことで、今まで伝わりにくかった会社や商品の魅力が伝わる「売れる仕組み」を構築することができます。

5　売上アップに使える補助金を使いこなせ

前向きな投資を支える補助金や助成金

業績不振で資金繰りの厳しい会社では、売上アップのために多額の広告宣伝費をかけることはできませんし、店舗改装などの設備投資も限界があります。そのため、基本的には「お金をかけず知恵を絞ること」が求められますが、それでも一定の投資は必要になります。

前述のように、せっかくセールストークを組み立てても、媒体に落とし込まなければ効率的な活用は困難ですし、媒体の制作には一定の費用がかかります。

ここでぜひ活用してほしいのが、売上アップのための販促活動費用をサポートする補助金の活用です。代表例としては、中小企業庁が所管する「小規模事業者持続化補助金」がその代表例となりますが、それ以外にも「事業承継・引継ぎ補助金」や「IT導入補助金」などがあり、各地方自治体が独自に運営している補助制度が使える場合もあります。

これらは、本来であれば「業績不振で資金繰りが厳しい企業」ほど積極活用すべきものなのですが、残念ながら、業績不振の会社であるほどこのような制度を使いこなせていない（そもそも補助金の存在にすら気づいていない）傾向があります。

生産性アップのための最新機械設備導入をサポートする「ものづくり補助金」や「業務改善助成金」なども含めて、中小企業向けの補助金・助成金には様々な制度があります。資金の乏しい中小企業にとっては数少ない、前向きな投資のための資金調達手段の1つであり、ぜひ積極的に活用を検討していただきたいと考えます。

小規模事業者持続化補助金の概要

ここでは、売上アップに使える補助金の代表格である「小規模事業者持続化補助金」について概要を説明します。この補助金は、小規模事業者が商工会議所・商工会の助言等を受けて経営計画を作成し、その計画に沿って地道な販路開拓等に取り組む費用の2／3（通常は50万円限度）を補助するものです。具体的には、ホームページの制作や販売パンフレットの作成、動画ツールの制作、商談会や展示会への出展費用、折込チラシや店舗の改装等、幅広い用途で使える補助金です。

この補助金の対象となるのは、常時使用する従業員の数が20人以下（宿泊・娯楽業以外の商業・サービス業の場合は5人以下）の小規模事業者に限られます。また、申し込んだら必ずもらえるものではなく、計画書の中身を評価されて採択された場合のみ使えます。また、補助金の募集時期や実施時期に制限がありますので、いつでも自由に使えるものではありません。さらに、販促活動に使った費用を一旦は全額負担した後に請求手続をして、その後1～2か月後に50万円が入金となりますので、一時的にキャッシュフローにはマイナスの効果が生じます。

それでも、売上アップのために使える資金が乏しい会社にとって、返済不要な50万円の財源は決して小さくはありません。計画策定に際しては、商工会議所・商工会のアドバイスを受けることができますし、補助金申請書の作成プロセスにおいて自社の現状や営業上の課題が明らかになる効果もあります。この補助金の活用に際しては、お近くの商工会議所・商工会への無料相談から始めてください（相談時点で募集がなくても、募集開始時にはエントリーする意思があることを伝えておくことで、事前準備などをサポートしてもらえる可能性があります）。

実際に私が手がけた経営改善計画策定支援業務では、この「小規模事業者持続化補助金を活用した販促媒体づくりと活用」をアクションプランに盛り込むことがよくあります。金融機関からも、自己資金を極力抑えて、公的支援を最大限活用しながら売上アップに取り組む経営姿勢は高い評価をいただけることが多くあります。その場合は、補助金申請書を参考として各金融機関にも配布し、具体的にどのような販促活動をしようとしているのかを説明する補助資料として活用します。

第6章　絵に描いた餅にさせない！「実行～継続」のアドバイス

1　実行と継続の困難性を理解する

行動を変えることは難しい

私が経営改善計画策定支援を仕事として取り組み始めて間もない、デビュー当初の話です。社長さんとしっかり話し合って、行動計画をたてました。社長さんのやる気も十分で、当然しっかりと確実に取り組んでもらえると思っていました。しかし、その期待は見事に裏切られ、行動計画はなんだかんだと理由をつけてほとんど実行されず、実行が伴わないので当然数字も計画を大きく下回りました。

私は、その当時、心の中で「社長さんに裏切られた」と思いましたが、現在では「支援者である私の詰めの甘さが原因であった」と認識しています。

「一年の計は元旦にあり」と、年の初めに目標や計画を立てる方は多いと思いますが、はたしてどれくらい実行されているでしょうか。「夏休みの宿題、今年こそ早めに終わらせるぞ」と計画を立てたにもかかわらず、8月後半に泣きそうになりながら宿題に追われた記憶はありませんでしょうか。ダイエット然り、自己研鑽の勉強然り、早寝早起き然り、それが自分にとってよいことだと頭で理解できていて、「よし、やるぞ！」と決めることまではできても、実際に行動を変えることが難しいという事例は枚挙にいとまがありません。

業績不振に陥っている会社は、「望ましい行動が不足している」か「望ましくない行動を取っている」かのどちらかの結果です。しかも多くの場合、そのどちらもが長い時間をかけて習慣的になっていることがほとんどです。人間が、習慣的な行動を変えることが困難であるのは、日常生活でも会社経営でも同じです。

行動を変えることができない、新しい望ましい行動を取ることができない理由としては、「経験がないことを実行する不安感や恐怖心」、「絶対に失敗したくない完璧主義」、「自分への自信のなさや諦めの気持ち」などがあります。また、基本的に人間には「現状維持を望んで変化を恐れる心理作用があること」を踏まえておく必要があります（これを行動経済学では現状維持バイアスといいます）。

継続することはさらに難しい

それでも、計画を立てた当初は、気合いと根性で何とか取り組める場合も多くあります。しかし、それを長く継続するのは、行動を変える以上に困難なことです。元旦に立てた計画も、夏休みの宿題も、ダイエットも、３日間くらいは何とか取り組めたかもしれません。しかし、文字通りの「３日坊主」になる方も多いのではないでしょうか。

社長さんとしても、計画策定当初はまだ変化へのモチベーションが高くなっているかもしれません。また、「劇的に現状を変化させる取り組み（不採算店舗の閉鎖など）」については、１回実行してしまえばとりあえず完了します。しかし、経営改善計画においては、「すぐには成果に結びつきづらいが着実に取り組むべきこと（営業活動や整理整頓の徹底など）」も行動計画の中に織り込むことが一般的ですが、これらは飽きや成果がすぐに出ないことの不安感から、現状維持バイアスに囚われやすくなります。

また、現状性バイアスは従業員にもあります。社長さんがいくら「会社を変えるぞ！」と意気込んでみても、従業員の「変わりたくない」という気持ちが抵抗勢力となるケースはよくあります。それでも強い意志で変革を進めることができれば成果につながるかもしれませんが、社長さん自身の現状維持バイアスが後押しして「やっぱり当社では無理だった」と理由をつけて元の慣れた日常に戻る傾向があります。

経営改善計画の品質向上のために

私は経営改善計画の品質基準の1つは「実現可能性の高さ」にあると考えてます。どんなに優れた戦略に基づく計画でも、社長さんが実行しない可能性が高ければ、実質的には価値がないと考えています。また、一時期何とか取り組めても、根本が変わらなければ、元の木阿弥になる可能性は十分にあります。

我々支援者として、より品質の高い支援業務を行うのであれば、「普通にしていると実行されないのが当たり前」、「人間は誰しも現状維持バイアスに囚われて当たり前」という前提に立った上で、それでも実行・継続できるようサポートを提供することが求められていると考えます。

まずは「行動計画を可能なかぎり、計測可能な状態で具体化すること」が重要です。例えば、「営業活動を強化する」という行動目標は、何をもって強化とするかが曖昧で、具体的な行動につながりにくくなります。「誰が、いつからいつまでの間、どんな人に、何人会う」などの行動レベルに落とし込むことで、実行可能性は高まります。

次に「社長さんの本音の感情と覚悟を見極めること」です。社長さん自身が、本心からやりたいと思えることでなければ、なんだかんだと理由をつけて実行されない可能性が高くなります。また、従業員からの変革への抵抗等の阻害要因が生じたときに、それらを乗り越えるためには社長さん自身の変革の意志が相当に強く固まっている必要があります。もし、社長の本音レベルで迷いや不安があれば、継続して成果につながる可能性は低くなってしまいます。

「社長さんの本気」を引き出し、「計測可能で具体的な行動計画」に取り組むことに意識を配ることで、真に実効性が高く、成果につながる品質の高い経営改善計画を目指すことにつながります。

2　できなかったで終わらせない

2種類の「できなかった」を見極める

これは経営改善に限った話ではないのですが、「以前に立てた計画はきちんと実行できましたか」

という質問に対して、「できました！」という返答をいただけると、こちらも嬉しくなります。しかし、どちらかといえば「できませんでした」という答えが返ってくることのほうが多いのが実態です。

この返答が返ってきた際には、「できなかった」という答えには2つの異なる意味が考えられることに留意する必要があります。

1つは、「行動したけれども目標とした成果を得ることができなかった」という意味です。少なくとも設定した期日までに、所期した行動を取ったことは事実であり、この点については前向きに評価することができます。

もう1つの意味は、「そもそも行動することができなかった」です。行動していないのですから、当然のことながら成果につながることもありません。先ほど「現状維持のバイアス」について解説しましたが、多くの場合はこちらに該当します。

「できなかった」という答えをするときには、社長さん自身がこの違いを明確に意識していないケースがあります。意味が違えば、当然のことながら対処方法も異なりますので、まずはどちらに該当するのかをしっかりと確認することが求められます。

できなかったときの対処法

まず、「行動したけれども目標とした成果を得ることができなかった」のケースでは、やり方に問題があることになります。その対策として、まずは成果につながらなかった原因を探っていく必要があります。営業活動を例に挙げれば、「どのようなシチュエーションでどのような伝え方をしたのか」、「その際のお客様の反応はどうだったのか」などを具体的にヒアリングして改善ポイントを明確化していきます。誰でも最初から上手にできるわけではありませんので、このような地道な改善を積み重ねることで上達が早まります。

より慎重な対策が必要なのが、「そもそも行動することができなかった」のケースです（やるにはやったが1回しかやらなかったというケースも含みます）。行動しなかった社長さんを、怠惰だと責めるのは簡単なことです。しかし、社長さんをいくら責めても、その後の行動につながらないのであれば単なる自己満足にすぎませんし、いたずらに社長さんの自尊心を傷つけてモチベーションが低下してしまっては意味がありません。

この場合は、まずは「経営改善計画を立てた当初の情熱はまだ残っているのか」から確認します。情熱がなくなってしまってはこれ以上どうすることもできませんが、多くの場合は「情熱はある」ことを再認識していただけます。情熱があるのであれば、あとは「行動を妨げる阻害要因」を丁寧に確認します。時間がないのであれば、どのようにすれば時間を創出できるのかを検討します。自信がないのであれば、確実にできることから始めることを提案します。失敗への恐れであれば、失敗したときにどのような影響があるのかを確認します（多くの場合、たいした影響がないことを再認識していただきます）。

経営改善計画策定支援事業において、我々支援者に義務づけられているのは「計画策定のサポー

【図表９　できなかったときの対処法】

ト」と「伴走支援・モニタリング（日本語訳すると観測、観察、計測などの意）」までであり、「できなかった」を社長さんのせいにしても、誰かに怒られるわけではありません。

しかし、本来の我々のミッションは「経営改善の達成に導くこと」だと考えます。「実現可能性の高い経営改善計画」を具現化させるためには「できなかった」を放置することはできません。適正に対処して、「行動できなかった」を「行動した」に、さらに「成果が出た」まで徹底的にフォローアップする姿勢は必要なものと考えます。

3　外部機関のパワーをうまく活かす

伴走支援会議（モニタリング会議）の活用

前述のとおり、社長さんの情熱を確かめながら、「できなかった理由」に対処していくことで、計画を達成する可能性は高まります。さらに、その改善の歩みをしっかりとフォローすることで、その可能性は高まります。経営改善計画では、一般的には半年ごとに金融機関を交えた伴走支援会議（以下、モニタリング会議）を開催しなければなりません。

モニタリング会議では、数値計画の進捗状況と、行動計画の遂行状況の確認が求められます。数値計画が未達であれば当然今後の見通しを含めて追及されます。しかし、一旦やるといったことをやらなかった場合は、より厳しく追及されます。この緊張感は「実行と継続のモチベーション」につなげることに有効な手段です。

半年ごとに開催というと間隔に余裕があるように思われがちですが、実際にはあっという間にその時期が到来します。モニタリング会議で「よい報告がしたい」というモチベーションを維持するために、「あと○か月です」とカウントダウンしながら、電話でも構わないので進捗状況を確認し続けることが有効です。

税理士事務所の活用

モニタリング会議のように、第三者から見られているという緊張感は、実行と継続のモチベーション維持に有効ですが、それも半年に一度であれば限界があります。

そこで、上手に確認したいのが税理士事務所の存在です。多くの会計ソフトでは、財務会計の基本機能に加えて、管理会計の一環としての「予実管理」（予算と実績の乖離の把握）の機能が搭載されています。通常であれば、税理士事務所との関わりは月次の数値の確認レベルに留まることが多いと思いますが、もう一歩踏み込んで、目標数値との乖離という観点で関わってもらうよう依頼することをおすすめします。

なお、「税理士事務所の職員は年に数回、または、決算のときにしか来ない」という場合は、税理士事務所を変更することをおすすめしています。経営改善の遂行には、税理士事務所の関わりは欠かせないものです。このプロセスに関与してくれないようなケースでは、金融機関にも事前了解をいただいたうえで、多少顧問料が高くてもしっかりと関与してくれる税理士事務所に顧問を変更することも多くあります。

経営コンサルタント（中小企業診断士等）の活用

経営改善において、筆者のような中小企業診断士等の経営コンサルタントと顧問契約をして、モニタリングと実行段階でのアドバイスを継続的に受けることも対策として考えられます。顧問税理士は、数字に基づくモニタリングについては最適なパートナーとなりますが、「どうやって売上を伸ばすか」、「どうやって利益を稼ぐか」といった実践段階の具体的な方法論については得意分野ではないケースが多くあります。

実践段階における具体的な助言や支援を得るのであれば、中小企業診断士等の経営コンサルタントを活用することも有効な手段となります。中小企業診断士とは、経済産業省が認定する経営コンサルティングの国家資格です。

この資格を取得するためには、「財務・会計」、「企業経営理論」、「経済学・経済政策」、「運営管理」、「経営法務」、「経営情報システム」、「中小企業経営・政策」の一次試験を突破し、さらに論述形式の二次試験に合格する必要があります。もちろん人によって個性や得意不得意などのバラツキはあるものの、ある程度は企業全体の課題解決に必要な知識をバランスよく身につけています。

経営改善のパートナーとしては、この「バランスのよさ」が強みとして発揮されます。世の中には様々な「○○コンサルタント」が存在しており、実行段階においては専門家として有意義な助言や支援をもらえることも多くあります。ただし、具体的な方法論に囚われすぎると、かえって全体としての取り組みのバランスを崩してしまうこともあります。

経営改善計画の実践段階のパートナーを選ぶのであれば、最低限の財務的な知識と、専門分野以外への最低限の理解力は必要となります。また、ただでさえ資金繰りが厳しい中で、さらに経営コンサルタントと契約することについては、コストパフォーマンスをしっかりと評価する必要があります（高額報酬が求められるようなケースはとくに注意が必要です）。

商工会議所・商工会等の相談窓口の活用

実践段階の助言や支援には、経営コンサルタント等の外部専門家も有効な選択肢となりうることをお伝えしましたが、一般的にはある程度の報酬を支払う必要があります、残念ながら、経営改善計画が必要な中小企業では、この報酬を負担できるだけの資金的な余力がない、あるいは適切な外部専門家がいないケースが多くあります。

そこで、ぜひ有効にご活用いただきたいのが、商工会議所や商工会等の支援機関です。これら支援機関には、中小企業診断士の有資格者や、資格はなくても十分な知識と経験を備えた経営指導員が多く在籍しています。また、課題の状況に応じて、中小企業診断士・税理士・弁護士・社会保険労務士・弁理士などの窓口相談や専門家派遣の活用をすすめてくれる場合もあります。その他にも、補助金の申請支援や各種セミナーの開催など、中小企業経営をサポートする様々なメニューが用意されています。

そして、ほとんどの支援メニューは「無料」または「格安」で活用することができます。資金繰りに余裕のない中小企業が、実践段階で生じる様々な課題を克服するためには、ぜひ積極的に活用されることをおすすめします。まずはお気軽に、お近くの商工会議所・商工会に電話してみてはいかがでしょうか。

4　実行～継続を支える社内体制づくり

経営計画の見える化

経営改善計画の実践において、前述のとおり「外部機関のパワー」を活用することが有効な手段ではありますが、あくまで実施主体は「社長さんを筆頭とする当該会社」であり、「社内のパワー」を高めて結集させていく社内体制づくりを行う必要があります。

社内体制づくりの第一歩が、「経営計画の見える化」です。膨大な労力と時間をかけて策定した計画であっても、それが普段は社長の机の中にひっそりと隠れている状態であれば、何の効果も発揮しません。

私が手がけた案件では、計画策定時のバンクミーティングが終了したら、なるべく早期に「経営改善計画の発表会」を社内でも開催することを推奨しています。社長さんが金融機関に対してコミットした内容を、特に幹部社員と現状課題および今後の方向性を共有することで、組織としての目標達成に向けた意識づけを行います。

ただし、幹部社員にどこまでの内容を開示するかは、その企業の状況や社長さんの考え方によって異なります。いたずらに従業員を不安がらせる結果になってしまうと、かえって目標達成の阻害要因になることがあります。

実際には経営改善計画のすべてを開示することには慎重になるケースのほうが多いと思いますが、「売上高」、「売上原価」、「販管費」の数値計画と、それぞれの根拠となる行動計画については、ある程度の情報共有を図ったほうが効果的であることが多いと考えます（金融機関向けの保守的な計画数値と、社内向けの挑戦的な目標数値を使い分けることもあります）。

また、一度の発表会だけでは、一時的な発奮効果はあったとしても継続的に効果を発揮し続けることは難しいものです。そこで、目標数値や行動計画の進捗状況を把握するための「管理帳票」も同時に作成して開示します。思いつきの口先だけでなく、継続的に進捗管理するための体制づくりまでをセットにすることで、より社長さんの本気度合いが伝わるようになります。

効果的な社内ミーティング

経営計画の見える化による共有に加えて、PDCAサイクル、つまりPlan（計画）→Do（実行）↓Ｃｈｅｃｋ（検証）↓Ａｃｔｉｏｎ（改善）を持続的に実践し、定着を図るには、定期的な社内ミーティングの開催が有効です。

効果的な社内ミーティングを開催するには、いくつかのポイントがありますが、最も重要なポイントは、「定例開催」にすることです。業績不振の中小企業でありがちなのが、ミーティングをやっていない、あるいは、社長が思いついたときにミーティングを開催しているパターンです。やったり、やらなかったり…というケースでは、最終的に「やらなくなる」可能性のほうが高く、結果的に幹部社員やスタッフを巻き込んだ取り組みにならず、社長さんだけが１人で頑張らざるを得なくなる危険性もあります。

例えば、定例ミーティングの日程を「毎月第1月曜日の午前中」と決定し、参加メンバーも役職で固定してしまえば、1年先までの予定を押さえることができます。そして、12月までのカレンダーにその予定を書き込んでしまえば、きちんと毎月開催される可能性は飛躍的に高まります。

報告書のフォーマット化・数字を使う（費目単位で乖離を分析）

せっかく社内ミーティングを開催しても、ただ集まってグダグダな話をするだけであれば、決して生産性の高い時間とはいえません。業績が低迷する会社ほど、会議の時間が長くなる、その中でも社長さんが演説している時間と、従業員が言い訳をしている時間が長くなる傾向があるように思います。

ミーティングの生産性を高める工夫として、「報告書のフォーマット化と事前提出」が挙げられます。毎月必ず報告することが決まっている事項は、報告書の様式を決めて、報告者には事前記入の上で提出してもらいます。参加者は、提出された報告書を事前に確認してからミーティング当日に臨むことで、比較的生産性の低い「現状把握」のための時間を節減し、生産性の高い「有効な対策の検討」のための時間に活用することができます。

また、「数値化できるものは可能なかぎり数値化すること」が肝要です。例えば、売上目標未達成の理由として、「新規のお客様が少なかった」という報告があったとします。しかし、「少ない」という言葉は実に曖昧なものです。比較対象が対前年なのか対前月なのか、想定の9割だったのか5割だったのかなど、現状認識も変われば対策も異なります。

新規顧客数のように、数値化できるものは可能なかぎり数値化することで、より正しい現状認識とそれに基づく適切な対策検討につながります。

ただし、財務会計データを活用した管理会計で把握できるのであれば比較的簡単に取れますが、個別の集計作業を要する場合では、「そこまでして把握する意味がある数字なのか」、「効率的にデータ収集する手段はないか」など、費用対効果の観点から適切に運営を考えていく必要があります。

ヒト・モノ・カネ等の経営資源に限りがある企業、とりわけ資金繰りに窮している中小企業においては、数少ない経営資源を有効活用する必要があり、その中でも「社長さんや社員の時間」は極めて貴重なものです。短時間で、効率的かつ効果的なミーティング運営を心掛けるべく、運用ルールについては適宜改善しながら、その企業にあった運営方法の確立に向けて、継続的に取り組んでいただきます。

小さな成果をおおいに喜び、次に活かす

この章では、実行し継続することの困難さを知った上で、それでも実行し続けるための考え方、「現状維持バイアス」を抑制し、「行動できない阻害要因を取り除く」という観点から、支援者としての関わり方、外部機関の活用方法、社内体制づくりについて、具体例を交えてお伝えしてきました。

実行し継続するためには、「行動できない阻害要因を取り除く」という観点に加えて、もう1つ「実行したくなるモチベーションを創出する」という観点があります。

経営改善計画の遂行は、社長さんにとっても、我々支援者にとっても、決して平坦ではない長い道程となります。今までにない新たな取り組みを通じて、今までにない高い数値計画の達成に向けてチャレンジし続けなければなりません。ハイレベルな最終目標を目指す以上、そこに到達するまでには、「できたこと」よりも「できなかった」ことのほうが多くなるかもしれません。しかし、この長い道程において、社長さんも幹部社員も、叱咤し続けるだけではモチベーションは低下してしまいます。

たとえ具体的な目に見える数字になっていなくても、行動計画を予定どおり遂行できたのであれば、それは「行動が変わった」という小さな成果です。たとえ売上計画に到達していなくても、新

規契約が1件でも採れたのであれば、それは「お客様が増えた」という小さな成果です。たとえ販管費全体が思うような削減ができていなかったとしても、節約取り組みで雑費だけでも減っていれば「余分なコストを抑制できた」という小さな成果です。

金融機関は多くの場合、数値目標がすべてであり、数値目標（とくに経常利益）を達成していなければ決して認めてはくれないと思います。それでも実践者である社長さんや従業員としては、この小さな成果は大いに認めて喜んでよいと考えます。支援者である我々も、この努力のプロセスと小さな成果を認めて、一緒に喜んであげてほしいものです。

自分たちは行動を変えることができる、行動を変えれば小さくても着実に成果に近づく、それを継続すれば目標達成も実現可能なものである。この「やればできる」という自信を持っていただいた上で、「やればできるはずなのにできなかったこと」への改善策を考えることで、実行し継続できる組織風土を醸成し、長きにわたる経営改善の道程を走り切ることとの実現可能性が高まります。それは必ず、数値にも表れてくるものと確信しています。

経営改善計画策定支援業務は、しっかりとした現状分析を行った上で、今後の行動計画を明確にし、数値計画を明示し、関係者の同意とコミットメントを形成するものです。これらの業務は、単に計画をつくるだけではなく、最終的な目的は、企業に対して望ましい変化をもたらすことにあります。結果につながる行動の変化を創出し、習慣として定着化させるプロセスにこそ、我々支援者の手腕が問われますし、同時にやりがいと誇りを感じることができると思います。

第7章　素人でもできる！「経営改善計画策定支援事業」の活用アドバイス

制度の最新情報については、中小企業庁ホームページにてご確認ください。

https://www.chusho.meti.go.jp/keiei/saisei/05.html

1　素人でも苦境にあえぐ社長さんを救える！

必ずしも自分自身がプロである必要はない

本書では、第1章で経営改善計画の概要をお伝えし、第2章以降では経営改善計画策定を支援する立場として、具体的にどのようなサポートやアドバイスを実践するかをお伝えしていきました。とくに第2章以降で述べた内容は、私自身が経営改善計画策定支援の現場で実践しているコンサルティング手法を詳細に解説したものとなります。

銀行や信用金庫等の金融機関、税理士事務所などの士業事務所にお勤めの方であれば、皆様が自らの職務を通じて提供している様々なサービスや提案活動に、本書で解説したコンサルティング手法を組み合わせることができます。日常的に企業の決算書を見ることができる立場と、決算書を読み解ける知識と能力を活かして、より多くの業績不振で資金繰りに苦しむ社長さんに、直接的に貢献できる活動を展開することが可能になるものと考えます。

しかし、決算書を見る機会がない、あるいは決算書を読み解く知識と能力が不足していたとしても、社長さんのお役に立てる、救世主的な活動やアドバイスは可能です。専門的な知識や技能は、あれば望ましいのは事実ですが、それがなければ何もできないわけではありません。

本書の冒頭でも使った例え話ですが、人命救助に貢献できるのは、医師免許を持った人とは限りません。「急病や大ケガには救急車を呼ぶ手段がある」という事実を把握し、「救急車の呼び方」を知っていて、それを「実践」できれば、かけがえのない命を救うことに貢献することができます。

気づいて、導くことの重要性

繰り返しになりますが、業績不振で資金繰りに苦しんでいる社長さんのお役に立ちたいと思ったときに、膨大な知識や情報、専門的な技能は必要ありません。必ずしも自分自身が経営改善のプロである必要はなく、たった1つの情報さえ持っていれば十分です。

その、たった1つの情報とは、「業績不振で資金繰りが困ったときには、経営改善計画を立てる支援を受けるという手段がある」という事実です。これさえ知っていれば、入社したばかりの新入社員でも、金融機関や税理士事務所などではないまったくの素人でも大丈夫です。

ただし、「資金繰りに困っている」という事実は、社長さんの立場から見れば「他人に知られたくない情報」なので、これに気づいてあげることのほうが圧倒的に重要です（「資金繰りに困っているんですか」とストレートに聞いてしまうと、社長さんの自尊心が傷ついて心を閉ざしてしまうことがありますので、言い回しには注意が必要かもしれません）。

困っている人がいたときには、まずは困っていることに「気づいてあげる」（自分からはなかなか言い出しにくい）、そして、そのお悩み克服を支援する適切な窓口に「導いてあげる」（その窓口の存在がマイナーであることも多い）。このような、身近で親切なアドバイザーこそが、お悩みの克服に真の意味で貢献できる存在だと考えます。

2　経営改善計画策定支援事業（通称405事業）の活用方法

経営計画策定支援事業の概要

前述のとおり、業績不振で資金繰りに困っている中小企業にとって、経営改善計画の策定および遂行には様々なメリットがあります。しかし、借入金の返済負担など、財務上の問題を抱えており金融支援が必要な中小企業の多くは、自ら経営改善計画などを策定することが難しい状況です。

このような中小企業を対象として、認定支援機関が中小企業・小規模事業者の依頼を受けて経営改善計画などの策定支援を行うことにより、中小企業・小規模事業者の経営改善を促進するのが、中小企業庁が運営する「経営改善計画策定支援事業」です。

なお、認定支援機関とは、中小企業の経営相談などに対して、専門的知識や実務経験が一定レベル以上にあるものとして、国から認定を受けた支援機関です。税理士・税理士法人、公認会計士、中小企業診断士、弁護士、金融機関などが申請し、認定を受けます。

この制度を活用することによって、外部専門家を活用しながらよりレベルの高い計画策定やモニタリング業務を進めることができ、その外部専門家に支払う報酬のうち２／３は補助金で賄うことができます。さらに自己負担分となる１／３部分に対しても、各都道府県の信用保証協会等が一定の費用補助を行っている場合もあります。

売上規模と借入金総額によって、小規模・中規模・中堅規模のいずれかに区分され、その区分によって、中小企業活性化協議会による費用補助額の上限が異なります（図表10）。

【図表10　企業規模の区分と費用補助額（上限）】

区分	企業規模	補助上限（総額の２／３以内）
小規模	売上１億円未満　かつ　有利子負債１億円未満	１００万円以内
中規模	売上10億円未満　かつ　有利子負債10億円未満	２００万円以内
中堅規模	売上10億円以上　または　有利子負債10億円以上	３００万円以内

見積りの例として、例えば小規模区分で、計画策定にかかる費用が63万円＋伴走支援にかかる費用が36万円（６回分）＝合計総額99万円の見積りとなった場合、事業者が自己負担する金額は計画策定段階で21万円、伴走支援時には１回あたり２万円の負担に抑えることができます。さらに計画策定費用の自己負担分を補助する保証協会等の支援を活用できる場合は、さらに自己負担は軽減されます。

外部専門家を活用した経営改善と聞くと、一般的にはかなりハードルが高い印象を受けられるかもしれませんが、国の制度を有効活用することで最小限の費用負担で、質の高いプロの支援を受けることができます。

経営改善計画策定支援事業の利用の流れ（Ｓｔｅｐ１）／利用申請書の提出まで

この制度を活用するためには、各都道府県に設置されている「中小企業活性化協議会」に、認定支援機関と連名で申込みを行う必要があります。利用申請書については、認定支援機関が作成します。申込みに必要な添付書類として、確定申告書および決算書（直近3期分）、履歴事項全部証明書などがあります。申込みの前に、プロジェクトに関する見積書と工程表等の説明をしっかりと受けて、納得のうえで利用申請書に捺印をいただきます。

原則として取引金融機関のうち1行（通常の場合は最も借入残高が多いメインバンク）も認定支援機関として連名します。申込み段階で、支店長印が必要となりますので、少なくともメインバンクに対しては、この制度を使って経営改善を進めることへの事前説明が必要となります。社長さんと認定支援機関が一緒に金融機関を訪問して、プロジェクトへの取り組みの意欲や趣旨を説明のうえ、協力依頼を行います。

なお、日本政策金融公庫などの政府系金融機関で認定支援機関に該当しない場合もありますので、一般的には民間金融機関のうち残高が最も多い金融機関に協力を依頼します。メインバンク以外の

【図表 11　全国の中小企業活性化協議会】

協議会名	住所	電話番号（経営改善計画策定支援事業）
北海道中小企業活性化協議会	札幌市中央区北1条西2丁目北海道経済センター６階	011-232-0217
青森県中小企業活性化協議会	青森市新町2－4－1青森県共同ビル７階	107-723-1024
岩手県中小企業活性化協議会	盛岡市清水町14-17　中圭ビル１０４号室	019-601-5075
宮城県中小企業活性化協議会	仙台市青葉区二日町12－30　日本生命勾当台西ビル８階	022-722-9310
秋田県中小企業活性化協議会	秋田市山王2－1－4 0田口ビル４階	018-896-6153
山形県中小企業活性化協議会	山形市城南町1－1霞城セントラル１３階	023-647-0674
福島県中小企業活性化協議会	福島市本町５－５殖産銀行フコク生命ビル２階	024-573-2563
茨城県中小企業活性化協議会	水戸市城南1－2－43　ＮＫＣビル６階	029-302-7550
栃木県中小企業活性化協議会	宇都宮市中央3－1－4　栃木県産業会館７階	028-610-0310
群馬県中小企業活性化協議会	前橋市亀里町884番地1　群馬産業技術センター２階	027-265-5064
埼玉県中小企業活性化協議会	さいたま市浦和区高砂3-17-15さいたま商工会議所会館5階	048-862-3100
千葉県中小企業活性化協議会	千葉市中央区中央2-5-1　千葉中央ツインビル2号館13階	043-227-0251
東京都中小企業活性化協議会	東京都千代田区丸の内3－2－2　丸の内二重橋ビル4階	03-3283-7575
神奈川県中小企業活性化協議会	横浜市中区尾上町5-80神奈川中小企業センタービル12階	045-633-5148
新潟県中小企業活性化協議会	新潟市中央区万代島5番1号　万代島ビル10階	025-246-0093
長野県中小企業活性化協議会	長野市若里1－18－1長野県工業技術総合センター３階	026-217-6382
山梨県中小企業活性化協議会	甲府市大津町2192-8　アイメッセ山梨３階	055-244-0070
静岡県中小企業活性化協議会	静岡市葵区黒金町20-8　静岡商工会議所会館３階	054-275-1880
愛知県中小企業活性化協議会	名古屋市中区栄2-10-19 名古屋商工会議所ビル７階	052-228-6128
岐阜県中小企業活性化協議会	岐阜市神田町2－2　岐阜商工会議所ビル５階	058-214-4171
三重県中小企業活性化協議会	津市栄町1－891　三重県合同ビル６階	059-253-4300
富山県中小企業活性化協議会	富山市高田527　情報ビル２階	076-441-2134
石川県中小企業活性化協議会	金沢市鞍月2－20　石川県地場産業振興センター新館２階	076-267-4974
福井県中小企業活性化協議会	福井市西木田2－8－1　福井商工会議所ビル３階	0776-33-8289
滋賀県中小企業活性化協議会	大津市打出浜2－1　コラボしが21　９階	077-522-0500
京都府中小企業活性化協議会	京都市下京区四条通室町東入函谷鉾町78京都経済センター6階	075-353-7331
奈良県中小企業活性化協議会	奈良市登大路町36-2　奈良商工会議所ビル１階	0742-24-7034
大阪府中小企業活性化協議会	大阪市中央区本町橋2－8　大阪商工会議所５階	06-6944-6481
兵庫県中小企業活性化協議会	神戸市中央区港島中町6－1　神戸商工会議所会館８階	078-303-5856
和歌山県中小企業活性化協議会	和歌山市西汀丁３６番地　和歌山商工会議所２階	073-402-7788
鳥取県中小企業活性化協議会	鳥取市若葉台南7-5-1 公益財団法人鳥取県産業振興機構内	0857-33-0197
島根県中小企業活性化協議会	松江市母衣町55－4　松江商工会議所ビル６階	0852-23-0867
岡山県中小企業活性化協議会	岡山市北区芳賀5301　テクノサポート岡山４階	086-286-9704
広島県中小企業活性化協議会	広島市中区基町5-44　広島商工会議所ビル５階	082-228-3006
山口県中小企業活性化協議会	山口市小郡令和1-1-1　ＫＤＤＩ維新ホール２階	083-902-5651
徳島県中小企業活性化協議会	徳島市南末広町5-8-8徳島経済産業会館(KIZUNAプラザ)３階	088-679-4090
香川県中小企業活性化協議会	高松市番町2-2-2　高松商工会議所会館3階	087-813-2336
愛媛県中小企業活性化協議会	松山市久米窪田町487-2　テクノプラザ愛媛別館１階	089-970-5771
高知県中小企業活性化協議会	高知市堺町2-26　高知中央ビジネススクエア５階	088-823-7933
福岡県中小企業活性化協議会	福岡市博多区博多駅前2-9-28　福岡商工会議所ビル９階	092-441-1234
佐賀県中小企業活性化協議会	佐賀市白山2丁目1番12号　佐賀商工ビル４階	0952-24-3864
長崎県中小企業活性化協議会	長崎市桜町4－1　長崎商工会館３階	095-895-7300
熊本県中小企業活性化協議会	熊本市中央区横紺屋町10番地　熊本商工会議所ビル３階	096-356-0020
大分県中小企業活性化協議会	大分市金池町3-1-64　大分県中小企業会館６階	097-574-6805
宮崎県中小企業活性化協議会	宮崎市錦町1番地10号　ＫＩＴＥＮビル７階	0985-33-9115
鹿児島県中小企業活性化協議会	鹿児島市東千石町1－38　鹿児島商工会議所ビル８階	099-225-9123
沖縄県中小企業活性化協議会	沖縄県那覇市久茂地1-7-1　琉球リース総合ビル５階	098-867-6760

（令和6年4月時点）

金融機関に対しても、経営改善計画への取り組み表明を事前に行っておくことで、よりスムーズに協力体制を構築することにつながります。

中小企業活性化協議会では、利用申請を受け付けたら書類審査を行い、不備がないかなどをチェックします。また、利用申請における事業者の意思確認をするために、面談等を求められる場合がありますので、必要に応じて社長さんに対応していただきます。

利用方法（Ｓｔｅｐ2）／計画策定支援・合意形成

中小企業活性化協議会への申請手続が完了した後、およそ2～3週間で承認の連絡があります。これを受けて、認定支援機関は具体的な支援活動を開始します。具体的な活動の中身については、本書で述べたとおりであり、概ね次の手順で進めていきます。

①税理士・中小企業診断士等の外部専門家を活用して現状分析を実施する。
②現状分析を踏まえて、経営改善のための具体的なアクションプランを策定する。
③アクションプラン遂行を前提とした数値計画や返済計画を策定する。
④策定した計画に基づいて、金融機関との交渉を行い、合意を形成する（専門家が交渉を支援する）。

支援の着手から金融機関との合意形成まで、事業規模や財務状況等によっても異なりますが、私の過去の事例では概ね6か月程度はかかります（最短で3か月～最長では1年程度です）。

経営改善計画を策定している途中段階で、資金が枯渇する危険性がある場合は、計画策定の前段階であっても、臨機応変にリスケなどの個別の金融支援への協力を依頼する場合もあります。

最終的には、バンクミーティングを開催し、取引のあるすべての金融機関から「金融支援の同意書」がそろった段階で、計画策定までの一連のプロセスが完了したことになります。

利用方法（Ｓｔｅｐ３）／中小企業活性化協議会への費用支払申請

策定した経営改善計画について金融機関との合意形成が完了したら、認定支援機関と連名で「経営改善支援計画策定支援事業費用支払申請書」を提出します。必要な添付書類として、経営改善計画書（補足資料を含めた一式）、従事時間管理表、事業者が自己負担分１／３を支払ったことの証憑（振込票など）があります。

中小企業活性化協議会への２／３の支払申請をする前に、自己負担分の１／３を認定支援機関に支払う必要がありますので注意が必要です（資金繰り計画を立てる際には、この費用支払いを予め織り込んでおく必要があります）。

利用方法（Ｓｔｅｐ４）／伴走支援（モニタリング）費用の支払申請

計画策定後の伴走支援についても、計画策定時と同様に、自己負担の１／３を認定支援機関に支払った後に、認定支援機関と事業者が連名で費用支払い申請を行います。必要な添付書類としては、伴走支援報告書、従事時間管理表、事業者の自己負担分の支払いの証憑などがあります。

前述のとおり、利用申請や支払申請に必要な書類はたくさんありますが、基本的には認定支援機関側で作成、提出を行いますので、事業者にかかる事務的な負担はほとんどないことを説明すれば、社長さんの不安も軽減されると思います。

3　経営改善を支える専門家の選び方

どんな目線で専門家を選ぶかが経営改善の成否を決める

前述のとおり、経営改善計画策定支援事業は、認定支援機関のサポートを受けながら進めていきます。また、認定支援機関は、企業が抱える課題に応じて、業務の一部を外部委託することができます。よくあるパターンが、顧問税理士が認定支援機関として経営改善支援事業の利用手続き等と財務分析（財務ＤＤ）や数値計画策定を担当して、ビジネスの中身の分析（事業ＤＤ）やアクションプラン策定を中小企業診断士などに外部委託するやり方です。

経営改善計画策定支援事業は国が運営する事業ですので、どの専門家がやっても基本的には同じやり方で進行します。しかし、計画の中身やアドバイスの内容は、担当する専門家によってクオリティが大きく変わります。経営改善計画のクオリティの違いは、計画策定が終わった直後では実感できないかもしれませんが、１年後、２年後、３年後の業績に大きな違いをもたらします。

そのため、この事業を活用するときには、どのような専門家を選ぶかが大変重要です。大切な自分の会社の未来を託し、長い道程を伴走してくれるパートナーとして選ぶポイントについて、次より解説していきます。

専門家選びのポイント①／経営改善計画策定支援の実績はあるか

認定支援機関として登録していても、経営改善計画策定支援に携わった経験がない支援機関はかなりの割合で存在します。もちろん、業務遂行自体は問題なくできるものと思いますが、大切な会社の未来を託すパートナーとしては、ペーパードライバーよりは熟練ドライバーのほうが安心できるのではないでしょうか。

そのため、認定支援機関あるいは外部委託の専門家のうち、最低でもいずれか一方は、経営改善計画策定の実績がある専門家を選ぶことをおすすめします。ストレートに、「これまでに経験がありますか」と聞けば答えてくれると思いますし、今後の進め方や不安に思っていることなど、何でも質問してみてください。これまでの実績や経験に裏打ちされた、社長さんの不安を解消する回答が得られるかどうかを確認したうえで判断することが重要です。

専門家選びのポイント②／他の専門家とのネットワークを有しているか

経営改善計画を立案し遂行していくに際しては、様々な経営課題を克服していく必要があります。メインとなる財務・経営戦略・金融分野はもちろんのこと、税務問題、労務問題や人事制度、法律問題、知的財産権、販促活動を支える媒体づくりなどの具体的な施策や対策についてもサポートが受けられる体制であることが望ましいと考えます。

しかしながら、1人の専門家が、この多岐にわたる経営課題や実践課題に対して、すべての分野でプロフェッショナルとしての専門知識や技能、経験を有していることはまずありません。経営改善計画を依頼する専門家に対しては、その人の専門分野以外の経営課題が生じたときにどのように対処できるかが重要な要素の1つとなります。

例えば私の場合、経営戦略や財務分析、金融機関対応などは一定水準以上の知識・技能・経験があると思います。しかし、それ以外の税務、法律、労働、知的財産等の分野では、とてもではありませんがプロと呼べるようなレベルではありません。中小企業診断士資格を取得するときに、ある程度は幅広く勉強したつもりですが、具体的な実務に使えるレベルには程遠く、ちょっと物知りだとしても素人同然といっても過言ではありません。

そこで、私の場合は、「経営コンサルタント事業協同組合（ＯＭＢＣ）」という組織に属しています。この組織は、税理士、中小企業診断士、弁護士、社会保険労務士、司法書士、行政書士、デザイナーなど、各分野のエキスパートで構成されています（図表12）。この組合の所属員は、それぞれが独立した専門家として自らの得意分野で活動しながら、自らの得意分野以外の課題が生じたときには信頼できるエキスパートを安心して相互に紹介できる体制を構築しています。

私がクライアントから法律や税務に関する相談を受けたとしても、生半可な知識で回答してしま

【図表 12　ＯＭＢＣのホームページ】

って迷惑をかける心配がありません。自分で回答できなくても、「その課題についてはその分野のエキスパートをご紹介します」というアドバイスで対応することができます。

この事例を参考に、経営改善計画策定支援を依頼する際には、「その専門家の専門分野は何か」を把握した上で、「専門分野以外の課題が出てきたときにはどのように対応されるのか」を確認することで、より高品質のサポートを受けられる可能性が高まります。

専門家選びのポイント③／顧問税理士と円滑な連携ができるか

経営改善計画の策定に際しては、その企業の財務内容に一番詳しい顧問税理士の協力が必要不可欠です。そのため、顧問税理士自身が認定支援機関として、経営改善計画のプロジェクトリーダー的な役割を担うことは多くあります。しかし、顧問税理士が認定支援機関として登録していない場合や、登録はしていても実務経験がなく対応できない（できてもやらない）場合も多く、顧問税理士以外の認定支援機関がプロジェクトリーダーとなることも多くあります。

この場合も、顧問税理士と円滑に連携しながら、プロジェクトを進行させなくてはなりません。例えば、顧問税理士以外の税理士事務所に経営改善の認定支援機関を依頼したとしても、お互いに信頼関係ができていれば、問題になることはありません。しかし、お互いに仲が悪かったり、顧問契約を奪われるのではないかという疑念が生じたりするようなケースでは、顧問税理士からの円滑な協力が得られにくくなるリスクが高まります。

経営改善計画策定支援事業の利用を検討するときには、顧問税理士にもその旨を伝えた上で、認定支援機関への協力を依頼していただくこととなります。

明らかに協力関係が難しいようであれば、プロジェクト進行中に思わぬ支障がでる可能性もありますので、注意が必要です。

専門家選びのポイント④／金融機関・中小企業活性化協議会からの信頼感

経営改善計画では、「金融機関からの金融支援の合意を得ること」が最初のゴールとなります。そのため、金融機関が信頼できる専門家を紹介されるケースもよくあります。金融機関としても、経営改善計画のクオリティの優劣は他人事ではなく、信頼できる専門家の支援を得ながら進めてほしいというニーズがあります。

稀にですが、社長さん自身が用意した専門家に対して、金融機関や中小企業活性化協議会が難色を示すケースがあります。その専門家との間で、過去に何らかのトラブルや不適切な事情があったのかもしれません。過去の話は過去として割り切ってしまってもよさそうなものですが、とくに金融機関については金融支援の合意形成に直接関わってくるため、その意向を無視することはできません。

逆に、金融機関や中小企業活性化協議会から信頼されている専門家であれば、ある一定程度以上のクオリティは確保できる可能性は高まります。

専門家選びのポイント⑤／社長さんとの相性・価値観

最後のポイントは、最も重要なポイントです。社長さんも人間であり、専門家も人間である以上、どうしても相性や価値観の違い等が生じます。その専門家がどんなに実績や経験があっても、どんなに優れた能力を有していても、あくまで実践するのは社長さんです。どんなに素晴らしい経営改善計画を策定しても、社長さんが心から「やるぞ！」、「やりたい！」と思えるものでなければ成果結実にはつながらないと考えます。

そのため、専門家選びに際しては、社長さん自身が「この人なら一緒にやっていける！」、「この人の話なら素直に聞ける！」と思えるかどうかが、感覚的な問題であるものの、極めて重要な決定要因となります。最終決定する前に、事前面談等でしっかりと専門家の人間性や考え方を見極めて、社長さん自身が心から納得してから決定することが肝要です。

4　社長さんを勇気づけて、ともに輝ける未来へ

応援してくれる存在は貴重

本書を読んでくださっている方は、金融機関にお勤めの方、税理士事務所等にお勤めの方、私と同じくコンサルティング業を営んでいる方、中小企業の社長さんやそのご家族、中小企業の経営幹部の方、あるいは、これらにはまったく当てはまらない方もいらっしゃるかもしれません。

それでも、拙著をここまで読み進めてくださった方は、少なくとも「業績不振で資金繰りにお困りの社長さんに何らかの形でお役に立ちたい！」という想いがある点については、共通しているのではないかと推察いたします。純粋で崇高な想いではなく、打算的な想いであっても一向に構いません。すべての読者の皆さんに共通してお願いしたいのは、「中小企業の社長さんを応援してほしい」ということです。

多くの中小企業の社長さんにとって、自分の会社は「自分の人生の結晶」です。その会社が苦境に立たされていることの重圧感は、第三者である我々には到底想像もできないことかもしれません。それまでプライドと人生をかけて、会社経営に真剣に邁進してきた方ほど、「第三者の力を借りる」ということが苦手かもしれません。

そんな社長さんにとって、外部専門家のサポートを受けて経営改善計画策定支援事業を活用するということは、一大決心です。不安もあるかもしれませんが、現状維持の限界に向き合って、その決断をされた勇気をまずは認めてほしいのです。

経営改善計画の最終的な責任者は、社長さん自身です。計画で掲げたアクションプランや数値計画はもちろん、実行責任も、結果責任も、すべて社長さんにかかっています。しかし、これは一人で抱えるべきものではなく、社内の役職員はもちろん、認定支援機関や金融機関も含めた関係者とともに推進するものという認識を持っていただきたいと思います。社長さんが抱える「孤独さ」にも寄り添って、応援してくれる誰かがいるならば、それは本当にかけがえのない貴重な存在です。

制度の認知度不足という致命的な課題

私は「経営改善計画策定支援事業の活用」は、業績不振から資金繰りが厳しい状況に陥った中小企業の社長さんにとって、多くの場合メリットが圧倒的に大きいものと確信しています。国の支援制度のおかげで、自己負担の費用的なリスクも最小限に抑えることができますし、本書を参考にしていただくことで3年後、5年後に「あのときやってよかった!」と喜んでいただける可能性はさらに高まると考えています。

しかし、この制度の存在を知っている社長さんは、圧倒的な少数派です。残念ながら、この制度自体の知名度が圧倒的に低いのが実態です。もし「早期発見・早期治療」ができていれば救われたであろう企業が、残念ながら倒産せざるを得ないケースも見てきました。

本書は、経営改善の具体的な手法について詳しく解説しています。これを参考に、読者の皆さん自身のコンサルティング能力を高め、直接的に中小企業の社長さんの助けになることもあると思います。

一方で、読者の皆さん自身が具体的なコンサルティング業務を実践する立場になかったとしても、「経営改善計画策定支援事業という制度がある」ということ、「経営改善計画策定を支援する専門家がいる」ということ、この事実を知っていただいただけでも大きな意味があると確信しています。できれば、この制度の存在を、中小企業の社長さんに広く知っていただけるように、ご協力をいただけると大変ありがたく思います。

社長さんとともに成長発展する

コロナ禍以降の経済環境の変化、原価高騰、少子高齢化、慢性的な人手不足、グローバルな競争環境の激化など、中小企業を取り巻く経営環境は厳しさを増しています。しかし、柔軟性に勝る中小企業だからこそ見い出せる活路も必ず存在します。活路がなければ諦めるしかありませんが、あるはずの活路が見い出せていないからこそ、社長さんは悩み苦しみながら努力を続けています。

苦しい状況に追い込まれたときに、手を差し伸べてくれる存在は、人生を通じてかけがえのないものです。それが直接的な支援活動であっても、間接的な情報提供や応援であっても、それを提供してくれた人には感謝と圧倒的な信頼が寄せられます。

経営改善計画策定は、中小企業の社長さんが本当に苦しい状況に追い込まれたときに、その価値を発揮します。本書を読んでいただいた皆さんが、その取り組みのきっかけになる、プロセスを支援する、応援する等の活動を通じて得る経験値や社長さんとの信頼関係は、皆さん自身のビジネスキャリアにとっても意義あるものになると思います。

そして、経営改善計画は、最低３年以上は継続する長い道程です。もしも計画策定に加えて実践段階まで継続的に関わっていただけるならば、社長さんとの信頼関係は一層盤石になります。さらに、経営改善の成果が具体化すれば、揺るぎない自信と満足感を得ていただけると確信します。「社長さんとともに、皆さん自身も成長発展する未来」の実現に向けて、ぜひ無理なくできる範囲から実践につなげていただくことを期待して、この章の結びとさせていただきます。

【図表 13　社長さんとともに成長発展する未来へ】

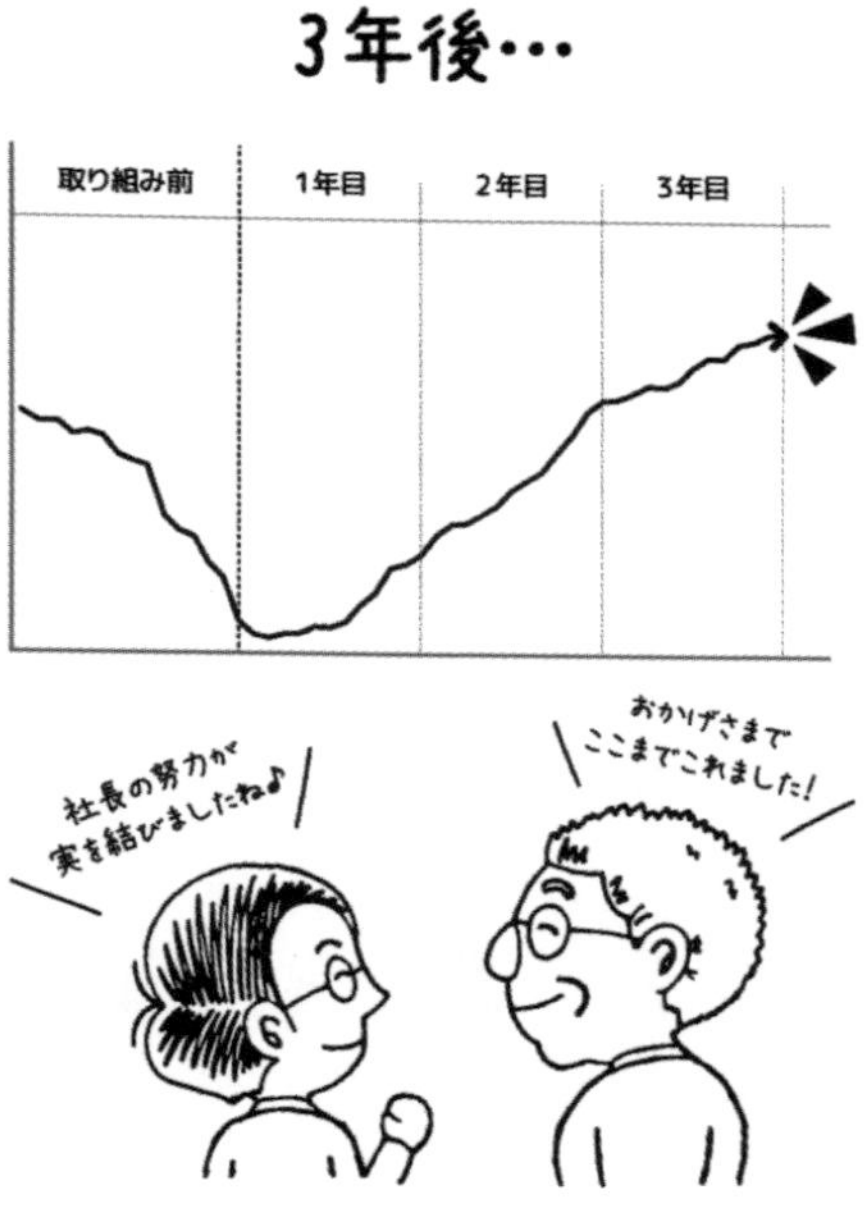

第8章　災害や感染症流行に立ち向かう！経済危機における経営改善アドバイス

1　災害や感染症流行が中小企業にもたらすリスクとは

経済危機は繰り返される？

全世界で猛威を振るった新型コロナウイルスは、経済に対しても大きな影響を与えました。２０２０年4月には「緊急事態宣言」が発令され、解除後も経済社会活動がコロナ以前の状態に戻ることはありませんでした。感染症の流行による消費低迷によって、飲食・宿泊・小売・サービスなど幅広い業種において「１００年に一度の経済危機」という言葉が使われています。

しかし、過去を振り返ってみると、我が国では１００年に一度というよりも「10年に一度」の割合で大きな経済危機に見舞われています。バブル経済崩壊、金融危機、自然災害など、その原因は様々であるものの、外部環境の急激な変化は中小企業経営にも大きな影響を与えます。

歴史を見れば、パンデミックはやがて収束し、急速に冷え込んだ経済環境も長期的かつマクロ的には回復局面に転換することは確実です。但し、個々の中小企業が経済危機を乗り越え、新たな時代で成長発展できるかどうかは、経営者の舵取りにかかっています。

突発的な経済危機の局面では、これまで伝えてきた経営改善・資金繰り改善の基本原則に加えて、危機に即応する生き残り・勝ち残りの手法が求められます。この章では、コロナ禍における事例を踏まえて、次の「10年に一度」への備えにもつながる経済危機のサバイバル手法をお伝えします。

経済危機時にこそ経営者としての真価が問われる

突発的な経済危機は、多くの場合、ある日、突然に訪れます。何らかの予兆がある場合もありますが、「まさかこんなことになるなんて！」という予想外の事態に陥ります。この影響が長期化する中で、経営者が必要な対策を怠ると、あっという間に経営状態と資金繰りが悪化します。

これまでの章で述べたような一般的な経営不振と異なり、自然災害やコロナ禍のような「大規模かつ突発的な経済危機」は、社長さん自身がその発生をコントロールすることはできません。コロナウイルス感染症の流行にも、海外をはじめとする観光客が途絶えてしまうことにも、社会全体に萎縮マインドが蔓延してしまうことにも、社長さんには一切責任がありません。

しかし、「発生する事象」はコントロールできなくとも、その環境においてどのように経営の舵取りを行うかは、すべて社長さんのコントロールにあります。コロナ禍において数多の企業が前代未聞の混乱と停滞に巻き込まれましたが、その中にあっても適切に状況を分析し、迅速に意思決定し、着実に行動した企業も確実に存在します。これによって、マイナスの影響を最小限に抑えたのみならず、状況変化に適応して新たなビジネスモデルに展開した事例も数多くあります。

状況が混乱・変化する中での意思決定には、当然ながらリスクを伴います。リスクを伴う意思決定は、幹部やスタッフに権限委譲することが困難であり、社長さん自身の「経営者としての真価」が問われます。我々経営を支援する側は、社長個人の泣き言を言いたくなる感情に寄り添いつつも、「どんな状況にあっても経営責任者であり続ける覚悟」を社長さんと共有することが肝要です。

守りで差がつくリスクマネジメント力（事業継続力強化計画のすすめ）

リスクマネジメントとは、リスクを組織的に管理（マネジメント）し、損失などの回避または低減を図る一連のプロセスをいいます。まだ発生していないが将来起こるかもしれないリスクを想定して、予防や被害軽減策をあらかじめ講じる「事前の備え」が重要になります。

リスクマネジメントは、まずリスクアセスメント（リスクの認知・評価）を行った後に、リスク対応（回避・予防・分散・保有）を行います（図表14）。これらのステップのうち、最も重要なのは「リスクの認知」、つまり「ひょっとしたら将来こういうことが発生するかも？」と可能性を想像することです。一般的に、社長さんは「儲かるかもしれない話」は大好きですが、「損するかもしれない話」は大嫌いで、「想像することすら縁起でもない」という方も多くいらっしゃいます。

しかし、経営は追い風ばかりではない現実がある以上、起こりうるネガティブな未来を適切に想像して、その対策を講じることも重要です。

昨今では、ＢＣＰ（事業継続計画）にも取り組む企業が増えていますが、中小企業・小規模事業者向けにはハードルが高いのが実態です。そこで、リスクマネジメントの最初の一歩として、経済産業省が推進する「事業継続力強化計画」がオススメです。

自然災害や感染症など起こりうるリスクを想定し、事前対策と発生時の対応を計画し、経済産業省がその計画を認定します。わかりやすいマニュアルが用意されていて、各商工支援団体からのサポートが受けられることもあります。

【図表 14　リスクマネジメントの進め方】

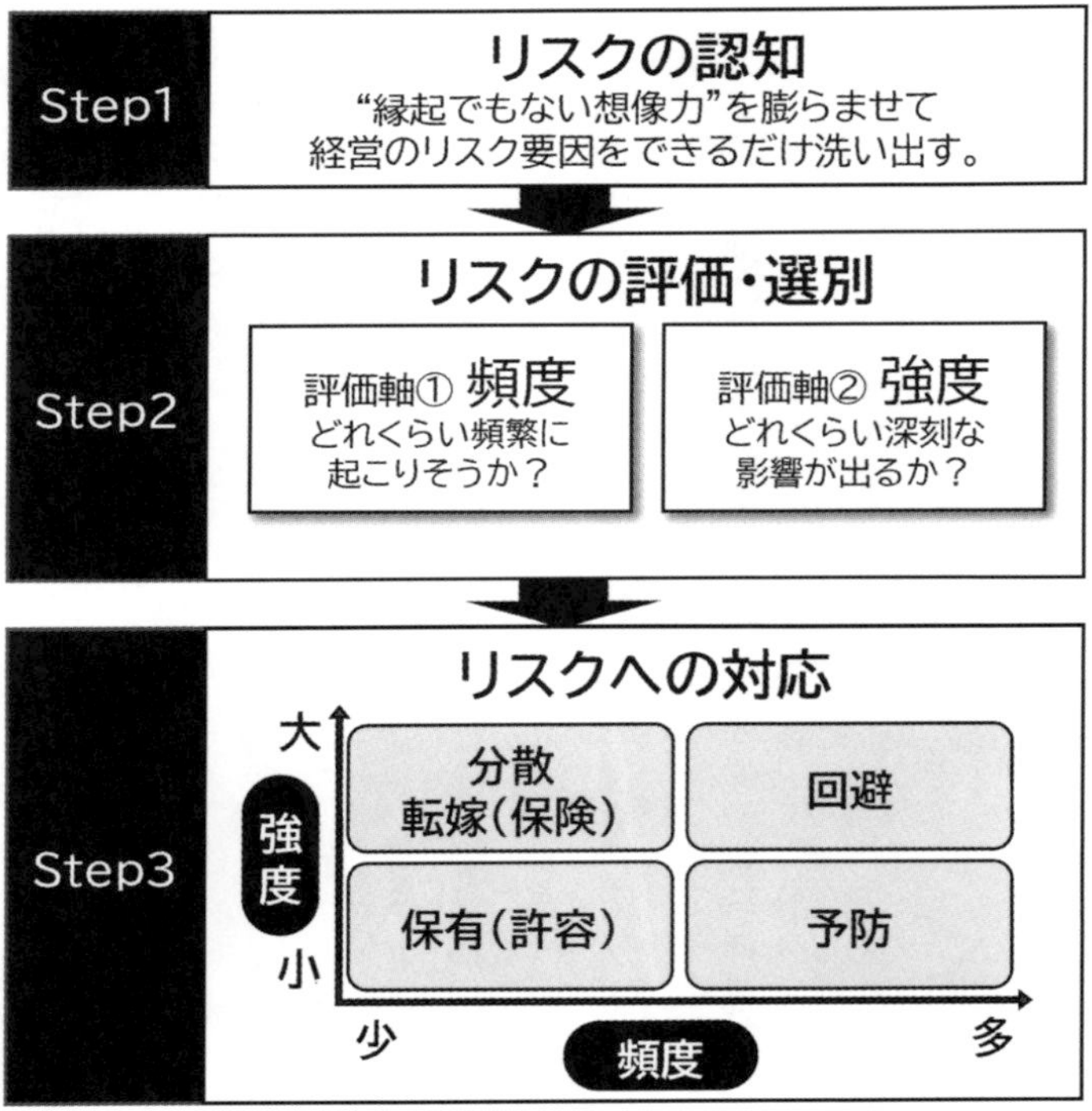

どんなに対策を講じても、緊急事態
が起こる可能性はゼロになりません。
万が一の時に、どう動くべきかを
予め計画しておくことも重要です。

リスクマネジメントのはじめの一歩は、
「事業継続力強化計画」
がオススメ（経済産業省の認定）

2　経済危機の3フェーズと中小企業のサバイバル戦略

過去の経済危機に学ぶ3つの経済危機フェーズ

感染症、震災・台風・豪雨災害など、経済活動の停滞を引き起こす要因は様々です。過去の事例を紐解くと、経済危機の発生から回復まで「短期」「中期」「長期」の3フェーズに分類できます。

経済危機における中小企業のサバイバル戦略においては、政府主導で講じられる様々な救済策・支援策を、危機フェーズに応じて適切に活用しながら、外部環境の変化に応じた新たな経営戦略を策定する必要があります。この節では、コロナ禍の教訓を踏まえて、今後起こりうる経済危機にも通じるフェーズごとの基本的な経営の考え方について解説していきます。

[フェーズ1] 短期局面のサバイバル戦略（手元資金確保・公的支援活用が最優先）

まずは、経済危機の直接の原因が発生した直後における対応について解説します。危機の発生直後は、急速な経済活動の停滞や混乱に、社会全体が翻弄されることになります。コロナ禍を例に挙げれば、2020年2月から緊急事態宣言が解除された5月頃までをイメージしてください。感染症の急拡大による外出制限・移動の自粛、サプライチェーンの混乱によって、マスクや生活用品の供給が滞る等、日常生活にも大きな影響が出ました。

この局面においては、まずは「社長さんや家族、従業員の命と健康を守る（人命第一）」ことが最優先です。身の安全を確保したうえで、会社経営においても「生存第一」を基本方針として対応します。売上の急激な減少、緊急対策のための費用発生などが想定される中、経営者が考えなければならないことは、とにかく手元の現預金を確保することです。

経済危機における資金繰りの具体的対策やその活用方法については、次節にて詳しく説明しますが、被害を受けた企業への公的救済策として補助金・給付金等が用意されることも多くありますので、支給対象となる場合はしっかりと適切に受け取ることが肝要です。

今を生き残らなければ未来はありません。刻々と変化する先行き不透明な状況では、現状分析をするにも対策を講じるにしても、一定の時間を必要とします。その時間の確保のためにも、現預金を枯渇させるわけにはいきません。個々の会社の業態や規模、危機発生以前の経営状態によって重要度は異なりますが、「経済危機にあっては、まず手元に現預金を確保する」ことを優先します。

［フェーズ２］中期局面のサバイバル戦略（外部環境変化を見極め新たな戦略を立てる）

当初の極度のパニック状態は落ち着いて、一定の経済活動が再開されたものの、経済の停滞や混乱の影響が残っている局面です。

この時点である程度見えてきたことの1つに、「仮に緊急事態が収束したとしても、以前の状態にすぐに戻るわけではない」ということが挙げられます。これは、景気が回復しないというわけではなく、緊急事態をきっかけに変化した消費者の意識や行動様式が定着することをいいます。

例えばコロナ禍を契機とする変化として、対面コミュニケーションから非対面（オンライン）へのシフト、デリバリーサービスを積極的に活用する消費者の増加、リモートワーク普及による働き方の再構築などは、時代の流れとして今後の我が国に定着する可能性は極めて高いと考えます。

中期局面において、社長さんがまず取り組むべきことは「現状分析」です。特に、外部環境分析（マーケットや消費者がどのように変化しているのか）を重点的に行う必要があります。状況は未だ刻々と変化する段階であり、常に最新情報にアンテナを張り巡らせておかなければなりません。

そのうえで、時代の変化を踏まえて、「我が社は何を変えなければならないか」「何を変えてはいけないか」を見定めます。正確さよりもスピード重視で、臨機応変に、変革に向けた具体的なアクションプランに落とし込みます。

この局面では、経済危機の影響を受けた中小企業の革新取組を支援する各種補助金（ものづくり補助金・小規模事業者持続化補助金等）が支援策として打ち出されることも多く、これらをうまく活用することで「ピンチがチャンスに」なる可能性も高まります。

［フェーズ３］長期局面のサバイバル戦略（中期局面の戦略検証とブラッシュアップ）

大規模な経済危機は落ち着いた後、消費者も企業も、新たな時代に適合していく局面です。今回のコロナ禍でいえば、ワクチンや治療法が開発されるか、集団免疫によって「新型コロナウイルス感染症が普通の病気」として広く認知された時代のイメージです。

この時点で、残念ながら既に一定数の企業は、フェーズ１（短期局面）・フェーズ２（中期局面）を乗り越えることができないケースがでてくると思います。さらに、ここまでサバイバルできた企業も、変化した新たな時代に適合できなければ、長期的に勝ち残ることはできません。

ここで必要になるのは、フェーズ２（中期局面）で立てた戦略やアクションプランの効果検証です。フェーズ２では、スピードと臨機応変を重視して対策を講じますので、当初想定した仮説のズレや自社を取り巻く環境の変化によって、想定する効果を発揮できないことはあると思われます。

重要なことは、仮説のズレや環境変化を捉えて、必要に応じて戦略を見直すことです。適切な戦略の見直しとブラッシュアップにより、長期的に新たな時代に適合しながら成長が可能となります。

３　経済危機局面での資金繰り対策

経済危機下の資金繰り管理は生命線

この節では、フェーズ１（短期局面）を中心とした資金繰り対策について、特に注意すべき点を詳しく解説していきます。中長期の戦略策定やブラッシュアップも、短期の経済危機を乗り切らなければ意味がありません。短期局面のサバイバル戦略は「手元資金の確保」が最優先課題となります。

本書の第３章でも、資金繰り管理の重要性については繰り返しお伝えしていますが、経営危機にあっては平常時以上に重要となります。売上急減や対策費用など、これまでのトレンドとはまったく異なる現預金の動きを想定しておく必要があります。

例えばコロナ禍における飲食業・観光関連業などのように、経済危機の影響を大きく受けることが予想される場合は、複数のリスクシナリオを用意して、3か月先の現預金残高の見通しを立てます。これにより、資金不足に陥る可能性がある場合も、次に掲げる「①受け取る」「②借りる」「③猶予する」「④減らす」の資金繰り対策に余裕を持って取り組むことができます。

経済危機下における資金繰り対策のポイント①／受け取る

まずは、国や地方自治体などの支援金・助成金・給付金をしっかりと活用することです。例えばコロナ禍においては、国の施策として、持続化給付金やテナント事業者向けの家賃支援給付金、雇用維持を図るための休業手当を助成する雇用調整助成金等があったほか、地方自治体ごとに休業要請への協力支援金などが設けられました。

また、過去の震災や豪雨災害等では、被災した建物や設備の復旧にかかる費用の補助金（グループ補助金）などが設けられており、今後も同様の突発的な経済危機下が生じた場合には何らかの支援策が講じられることが想定されます。

注意すべき点は、これらの支援制度は、黙ってじっとしていてもらえるものではないということです。情報は数が多いうえに日々更新されていくので、商工会議所・商工会等の相談窓口を有効に活用して、正しい情報を積極的に入手する経営者の積極的な姿勢が必要となります。

経済危機下における資金繰り対策のポイント②／借りる

「①受け取る」ことで十分な資金を賄えない場合は、金融機関からの借入れを行うこととなります。例えばコロナ禍においては、日本政策金融公庫の新型コロナウイルス感染症特別貸付や、信用保証協会のセイフティーネット保証、民間金融機関からの借入れ等を行ったケースが数多くありました。コロナ禍の影響により売上減少している事業者においては、実質無利子・無担保で資金調達が可能となりましたし、過去の震災や豪雨災害等においても同様の金融支援が講じられています。

通常であれば、借入金の増加は支払利息等の増加によって収益面ではマイナスとなりますが、突発的な経済危機下においては政策主導で資金調達コストを低く抑えることが可能になることが想定されるため、少しでも資金面の不安があれば調達しておくほうが安心です。

金融機関以外にも、生命保険や小規模企業共済からの貸付制度なども、資金調達手段として活用できます。これらの活用には、金融機関からの融資よりもスピーディーに調達できるメリットがあるため、いざというときに使えるように貸付制度の内容については理解を深めておきましょう。

ただし、借入金は給付金等とは異なり、いつかは返済が必要です。将来の返済原資を確保するための経営改善取組みとセットで活用するものと心得ておく必要があります。急場をしのぐために闇雲に借入金を増やすことは、結果として社長さん個人資産の傷口を広げることもあり得ます。

経済危機下における資金繰り対策のポイント③／猶予する

「①受け取る」「②借りる」の手段を講じたうえでもなお資金不足の可能性がある場合、意外に見落とされがちな資金繰り対策として「本来支払うべき期限を延長して支払いを猶予する」という手段があります。例えばコロナ禍においては、法人税・所得税・固定資産税・消費税等の税金や、厚生年金保険料等の支払いを猶予する制度が設けられました。また、固定資産税・都市計画税については一定要件のもとで減免される場合もあります。

小規模企業共済、中小企業退職金共済、民間の生命保険会社等でも延滞金なしで掛け金の支払猶予制度を設けています。過去の震災や豪雨災害等でも、激甚災害に指定される場合は同様の猶予制度が設けられており、いざというときの資金繰り対策として比較的容易に活用することができます。

同様に、金融機関からの借入返済も、余裕がなければ猶予する（リスケ）の対応が必要となります。コロナ禍においては、金融庁から各金融機関に対して「経営の維持継続に必要な資金の借入の申込みや、貸付条件の変更等の申込みがあった場合には、適切な対応に努める」よう要請が出されていました。また、金融機関との調整が難しい場合は、中小企業活性化協議会が主導で最大1年間返済猶予を行う「新型コロナ特例リスケジュール（通称：特例リスケ）」の制度が設けられました。

本書が主に対象にしている「平常時の経営難によるリスケ」とは区別されて、金融機関に比較的前向きに応じてもらえる可能性は高くなります。ただし、あくまで「支払期限の延長」であって、根本的に債務がなくなるわけではありません。「②借りる」場合と同じく、最終的には「しっかりとした現状分析と戦略に基づく経営改善計画」の策定の必要性を想定しつつ、急場の対策として活用することを推奨します。また、あくまで所定の手続を行ったうえで「猶予する」ものであり、何もせずに支払わなければ「延滞」として様々なペナルティーが課されますので注意が必要です。

経済危機下における資金繰り対策のポイント④／減らす（コスト削減）

これまで述べてきた資金繰り対策は、いずれも抜本的な対策としては不十分です。「①受け取る」ことのできる給付金や補助金は一時しのぎで金額も限られており、「②借りる」「③猶予する」は最終的には支払わなくてはならない（数年後は返済負担が重くなる）ものと認識する必要があります。

そこで重要になるのが、経営改善計画において最も確実で効果があるコスト削減、とりわけ固定費削減の取組みです。外部環境や消費者動向に左右されやすい「売上アップ取組み」と比べて、経営者の意思決定だけで実行できるうえ、削減した同額だけ利益が手元に残る固定費削減取組みは、経済危機下において重要な活動となります。

具体的手法は第４章で詳しく解説していますが、最も重要になるのは「ゼロベース思考」です。特に経済危機のタイミングでは、これまで費用対効果がプラスだった経費や投資も、外部環境の変化によって従来の利益が見込めなくなる可能性もあります。今この瞬間からの事業経営に真に必要な経費かどうかをシビアに見定め、不採算事業や不採算店舗の継続も含めて、コロナ禍をはじめとする経済危機を「これまでの経営の振り返りと見直しの契機」として活かす姿勢が求められます。

4　アフターコロナに飛躍する中小企業の経営戦略

時代の変化をとらえた変革の必要性

前節では、経済危機下の資金繰り対策を中心としたサバイバル戦略をお伝えしましたが、中長期的に成長発展を実現するためには単なる生き残りでは不十分です。過去の災害や経済危機においても、コロナ禍においても「落ち着いたら元どおりの環境」になるわけではなく、新たな価値観・ニーズ・革新的技術の普及等を踏まえた「新たな環境」のもとで景気回復が進んでいきます。

仮に、いまだに「バブルの頃は凄かったんだよ～。またあの時代が来ないかなぁ」という経営者がいたとしたら、読者の皆様であれば「いつの時代の話をしているんですか。そんな幻想は捨てましょう」と思われることでしょう。特にコロナ禍で大きな影響を受けた企業では、これと同じことがアフターコロナで起こる可能性は高いという前提で、今後の成長戦略を考える必要があります。

自社ならではの「強み」を活かした成長戦略を

これまで当たり前のように運営してきた事業であっても、アフターコロナの市場や顧客ニーズの変化を踏まえ、「これからの時代でも通用するビジネスであるか」を検証する必要があります。既成概念に捉われることなく、「ターゲットとなる顧客」「提供する価値」「提供するプロセス」「収益

【図表 15　経済危機下（短期局面）の資金繰り対策】

①受け取る
・持続化給付金、家賃支援給付金、雇用調整助成金等
・都道府県・市町村による上乗せ給付や独自の助成制度　等
②借りる
・金融機関からの新型コロナウイルス感染症特別融資（実質無利子・無担保）
・生命保険・共済等の契約者貸付制度　等
【前提】
資金繰り表による管理徹底
③猶予する
・税金の支払猶予（法人税・所得税・固定資産税・消費税等）
・厚生年金保険料・労働保険料の支払猶予
・生命保険・共済等の掛け金の支払猶予　等
④減らす
・コスト削減の取組み
・不採算事業・不採算店舗の継続判断
「ゼロベース思考」の重要性

構造」などの観点で事業の改善を検討します。

その際、やはり重要になってくるのは、レベルの高い人財、技術やノウハウ、顧客との信頼関係などの「自社ならではの強み」です。これまで培ってきた強みをベースに、例えばビジネスのオンライン化（非対面・非接触）への対応、コミュニケーションのデジタル対応、リモートワーク対応等の新たな取組みに適合させることが求められます。これらの取組みは、コロナ禍以前から必要性が認識されていたものであり、「ピンチをチャンス」につなげるには絶好のタイミングといえます。

今後さらに重要性が増す「経営改善計画」

コロナ禍により資金繰りに窮する企業は増えた一方、政府主導で積極的な金融支援政策を行った結果、２０２０年は比較的容易に資金調達や返済猶予に対応できる年でした。しかし、長期的な経営改善の見通しがなければ、やがて返済が再開された時点で再び資金繰りに窮する懸念があります。

財務面・事業面から現状分析を行い、戦略の方向性を示したうえで、具体的なアクションプランに落とし込む。金融機関等の関係機関と計画を共有し、その遂行状況を定期的にモニタリングしながら成果結実に結びつける。先行きが不透明な時代だからこそ、これら「経営改善計画」の一連のプロセスはますます重要になってきます。本書でお伝えした知識やノウハウは王道かつ基本を中心としており、アフターコロナ時代でも変わらず役に立つものです。読者の皆様が社長さんの前向きな挑戦に寄り添い支援いただくことで、新たな時代の飛躍に貢献できることを願っています。

おわりに

令和元年11月に発売した「はじめて資金繰りに悩む社長を担当したときに読む本」は、おかげさまで多くの皆様のご支持をいただくことができました。しかし、発売からほどなくして、コロナ禍によって、中小企業を取り巻く経営環境は大きく変貌しました。その後も、急速に深刻化が進む人手不足や物価高騰をはじめとする経営環境変化のスピードは、コロナ禍以前から「まさかの事態」に陥った企業の建て直しを本業としている私の想像をはるかに超えるものでした。これにより多くの中小企業が深刻な影響を受け、我々専門家も対応に追われる局面が増えましたが、そのなかで、いくつか気づいたことがありましたので、最後に皆様と共有したいと思います。

1つ目は、本書で取りあげた「経営改善の基本的な手法や考え方」は、時代が変わっても以前と変わらず有効であるということです。例えばコロナ禍では、急激な需要減退、オンライン化の急速な進展、様々な公的支援制度の導入など、その後も物価高騰や為替変動リスクの顕在化など、対応すべき課題は刻々と変化しています。しかしながら、「コストを下げて、生産性を高めて、売上を伸ばすことで利益が増える（この順番が大事）」という原理原則は、今後も変わることがありません。むしろ、この原理原則を新しい時代に適合させることは、変化の激しさとスピードが増す環境下で大きな飛躍を可能にするものであるとの手応えを感じることができました。

2つ目は、「経営計画策定支援事業という素晴らしい制度」の存在を改めて実感することができたことです。特に不安定かつ変化の激しい環境にあっては、「3年間の伴走支援」が義務づけられていることに大きな意味があります。社長さんと長期的な関わりを持ちながら、環境変化を踏まえた計画のブラッシュアップを通じて成果結実に貢献することができた事例が多くありました。

しかし、残念ながら、この素晴らしい制度の存在を、ほとんどの中小企業の社長さんは知りません。社長さんを取り巻く人々も同様です。もしも、「経営改善計画策定支援事業」が「救急車」と同じくらいの存在感と知名度があれば、救われていたはずの会社がたくさんあったはずです。本書が読者である皆様を通じて、1人でも多くの方に「経営における救急車的な存在」に気づいていただくきっかけとなるのであれば、これほど嬉しいことはありません。

3つ目は、「経営改善計画策定支援の担い手の不足」は、さらに深刻さを増しているということです。私がどんなに頑張って、身を粉にしても、一個人でできる範囲はたかがしれています。私と同じく経営改善に取り組む専門家は数多くいらっしゃいますが、それでも業績不振で資金繰りに悩んでいる中小企業の数の方が圧倒的多数です。私自身のビジネスだけをみれば、県内に留まらず県外からも経営改善のご依頼をいただけるようになりましたが、わざわざ県外の専門家に頼まなくとも、各地に信頼できる専門家が増えれば、より多くの中小企業を救うことに繋がります。

本書では、限られた紙面の範囲ではありますが一切出し惜しみをすることなく、具体的な手法も含めてお伝えしました。どの案件も難易度が高く、プレッシャーは大きく、たくさんの時間と労力を注ぎこまなくてはなりませんが、それだけのやりがいと誇りを強く感じることができる仕事です。

必ずしも専門資格は必須条件ではありませんが、本書がきっかけで中小企業診断士や税理士をはじめとする専門資格に興味を持って挑戦する意欲ある人が増えてくれると嬉しく思います。

「お金がない」という状況は、本当に苦しく辛いものです。私自身、人脈も地縁もない岡山に移住して、貧困にあえぎながら創業した経験を持っています。診断士資格は持っていましたが実務経験はなく、減っていく通帳残高と、増えていく借金に、押しつぶされそうになる毎日でした。

そんな私が、現在こうして元気に活動できているのは、経営コンサルタント事業協同組合のメンバーをはじめとする「人との出会い」でした。私自身が「人との出会い」に支えられて苦境を乗り越えてきたように、中小企業の社長さんにも、経営改善計画策定というイベントを通じて「人との出会い」を得ていただきたいと願っています。

経営改善は、そもそも苦しい状況からのスタートであり、決して楽な取組ではありません。しかし、目指すべき未来に向かって着実に取組を実行・継続するプロセスに、かけがえのない充実感を感じていただけるものと思います。

1人でも多くの中小企業の社長さんに、「振り返ってみればあの難局があったからこそ、経営も人生も良くなった」と実感していただける未来を目指して、読者の皆様にもぜひ、本書でお伝えした情報やノウハウを参考に、直接・間接を問わず関わっていただけるとありがたく思います。

藤井正徳

著者略歴

藤井　正徳（ふじい　まさのり）

昭和49年10月生まれ、山口県萩市出身。神戸大学経済学部を卒業後、保険会社に入社し16年間勤務した後、経営コンサルタントとして独立創業。創業から1年後に至誠コンサルティング株式会社を設立。「経営の救命救急士」として年間12件以上の経営改善・事業再生プロジェクトに携わり、全ての案件で金融支援を成功させている。商工会議所・商工会からの受託事業等で延べ1000社以上の経営相談に対応し、金融機関・商工会議所・商工会等の主催セミナーの講師としても年間12件以上登壇。2024年に経営コンサルタント事業協同組合代表理事に就任し、他の専門士業とのネットワークを活用した幅広い経営支援を展開している。

改訂新版　はじめて「資金繰りに悩む社長」を担当したときに読む本
—「経営改善計画」の活用による業績改善コンサルティングの実践手法

2019年10月25日　初版発行　　2021年1月8日　第4刷発行
2021年2月2日　改訂版発行　　2022年11月28日　第2刷発行
2024年5月20日　改訂2版発行　　2024年9月27日　改訂2版第2刷発行

著　者　藤井　正徳　
発行人　森　　忠順
発行所　株式会社 セルバ出版
〒113-0034
東京都文京区湯島1丁目12番6号 高関ビル5B
☎03（5812）1178　　FAX 03（5812）1188
https://seluba.co.jp/
発　売　株式会社 三省堂書店／創英社
〒101-0051
東京都千代田区神田神保町1丁目1番地
☎03（3291）2295　　FAX 03（3292）7687

印刷・製本　株式会社　丸井工文社

Printed in JAPAN
ISBN978-4-86367-893-4